JN087572

心理学概論

〔改訂版〕心理学概論（'24）

©2024　森　津太子・向田久美子

装丁デザイン：牧野剛士
本文デザイン：畑中　猛

s-65

まえがき

本書を手にとった人は，何かしらのきっかけで心理学に関心を持ち，学習を開始してみようと思った人だろう。その人にとって「心理学」はどのような学問に見えるだろうか。

詳しい説明は本文に譲るが，心理学は実に多様な分野からなる学問である。人の心にまつわることであれば，すべてが心理学の研究対象となるわけだから，心理学という学問の射程に入るトピックはごまんとある（むしろ入らないトピックを探す方が難しいだろう）。したがって，これから心理学を学び始めようとしている皆さんは，いわば広大な面積を誇る初めての土地に，いままさに足を踏み入れようとしているようなものである。

本書は，心理学の概論書として，多様な分野からなるこの学問の全体像をひととおり見渡せることを目指して執筆した。例えば皆さんは，新しい土地を旅行するとき，旅先のガイドブックを購入したりはしないだろうか。もちろんガイドブックなど携えず，事前知識をまったく持たずに旅行をすることも，それはそれで楽しい。特別な期待がない分，思いがけない出会いに歓喜したり，新しい発見に興奮したりすることもあるだろう。しかしガイドブックがないことで，もし足を踏み入れていれば，虜になったかもしれない場所を素通りしてしまうこともある。旅から帰ってしばらくしたあと，同じ土地を訪れた友人に「こんな面白い場所があった」と聞かされて，悔しい思いをするかもしれない。本書は，せっかく心理学に関心を持ってくれた皆さんが，あとから悔しい思いをすることがないよう，心理学の分野をできるだけ幅広く紹介することを目指している。放送授業科目（テレビ）と併せ，本書を，心理学という広大な地を旅する際のガイドブックとして利用していただければ幸いである。

実際，皆さんより先に心理学の旅を開始した一人として，知ってもらいたい土地や，ぜひ足を踏み入れてほしい場所は山ほどある。心理学の知識の多くは一般にはあまり知られておらず，その魅力が埋もれたままになっている。ただし，本書は心理学の各分野を概観することに目的があるため，個別の分野の内容について踏み込んだ解説はしていない。ちょうど，ガイドブックに記載された場所をただ訪れるだけでは，その土地の魅力を十分に知ることができないのと同じように，興味をもった心理学の分野があれば，ぜひその先へと歩を進めてみよう。各章末には「参考文献」を掲載している。これは，その章の内容を「もっと知りたい」と思った方向けの書籍リストである。図書館や書店で手にとってみてほしい。また放送大学に関連する科目がある場合には，この「参考文献」の最後に印刷教材を挙げているので，その科目の履修も検討してほしい。

最後にもうひとこと。心理学を学ぶことは，心についてすでに明らかにされたことを，知識としてただ身につけることにとどまるものではない。本書を通じて皆さんは，先人たちが「心」という難題にいかに立ち向かい，解決してきたかを知ることだろう。そして，その解決の手立てとして，どのような手法が用いられてきたかも学ぶはずである。実は心理学という広大な土地には，まだ誰も足を踏み入れていない土地がたくさん眠っている。いずれは皆さん自身が，そうした未踏の地を開拓する一人になるかもしれない。そのための最初の一歩を本書が手助けできたとしたら，執筆者一同にとってこのうえない喜びである。

2024年 3 月
執筆者を代表して　森　津太子

目 次

1　心理学とは

向田久美子

《学習のポイント》 心理学は人の心を研究する学問であるが,「心の科学」や「行動の科学」とも呼ばれている。本章では, 心理学とはどのような学問なのか, その基本的な考え方と成立背景について概説する。また, 心理学の基礎資格である「認定心理士」の分類を参考に, 心理学の各分野について解説する。

《キーワード》 心理学の歴史, 基礎心理学, 応用心理学, 認定心理士

1. 心理学とは

心理学と聞くと, どのようなことをイメージするだろうか。「人の心がわかる」といった期待を持つ人がいる一方で,「自分の心が見抜かれてしまうのではないか」と不安や抵抗感を抱く人もいることだろう。また, カウンセラーをイメージする人も多いのではないかと思われる。

最初に断っておくが, 心理学を学んだからと言って, よく知らない人々のことを即座に理解できると思うのは誤りである。特定の人物をよく理解しているのは, 一般に, その人物と交流する機会の多い身近な人々であろう。しかし, 親子や夫婦のように, きわめて近い関係にありながらも, 互いを理解できずに苦しむこともある。このことは, 経験や主観だけで人を理解することの難しさを示している。

心理学が目指しているのは, 科学的・客観的な手法に基づいて, 人間全般の心や行動の原理（法則性）を見出すことである。こうした科学的

側面を強調して,「心の科学」とか「行動の科学」と呼ばれることもある。詳しい研究方法については第2章, 統計学については第14章で触れるが, 多くの研究が, 仮説を立て, その仮説が正しいかどうかを検証するという手続きを取る（こうした仮説検証型の研究のほかに, 仮説生成型の探索的な研究もある)。具体的には, ある人々を対象に, 特定の行動や態度, 能力などを調べ, その全体的な傾向（平均値など）をグループ間や条件間で比較することによって, 原理や法則性を導き出すことが多い。

一例として, 結婚生活が成人の心身の健康にもたらす効果を調べた研究を紹介しよう。男性の場合は, 総じて未婚者よりも既婚者のほうが健康度が高いのに対し, 女性の健康度には未婚か既婚かによる違いはないか, あったとしてもごくわずかであった（稲葉, 2002；Kiecolt-Glaser & Newton, 2001)。また, 男性は女性に比べて, 配偶者との死別や離別によって健康を害しやすく, 寿命が短くなることも報告されている（石川, 1999)。これらのことから, 結婚生活によって健康への恩恵を被るのは, 主に男性ということができるだろう。しかし, これに反する事例（例外）を見つけることも可能である。周りを見渡せば, 独身で健康度の高い男性もいれば, 既婚で健康度の低い男性もいるに違いない。心理学が個別の事例や事象を考慮しないわけではないが, やはり, 心や行動に関する一般的な原理を見出していくために, 対象となる人々の平均的・全般的な傾向に基づいて議論しているということを踏まえておいてほしい。

2. 心理学の歩み

(1) 心理学が成立するまで

心理学という学問が誕生したのは, 公式には1879年と言われている。

この年にヴント（Willhelm Wundt：1832-1920）が，ドイツのライプツィヒ大学に心理学実験室を設立し，そこから多くの研究者が巣立ったことに由来する。この「実験室」というところが，心理学を理解するポイントの一つである。心理学が成立するはるか以前から，人々は演劇や詩，哲学や文学などを通して，人間の心や行動について思索を深めてきた。しかし，それらはあくまでも文芸的，もしくは思弁的であり，科学性や実証性という面では乏しかった。

哲学における「心」への関心は，古代ギリシャのアリストテレス（Aristotle：紀元前384- 紀元前322）にまでさかのぼる。万学の祖と呼ばれるアリストテレスは，心（プシュケ）にも関心を寄せ，感覚や理性，記憶，睡眠，夢などについて論考を残している。その後，17世紀から18世紀にかけて繰り広げられた「氏か育ちか」論争は，後に心理学の主要な研究テーマとなった。すなわち，人間の心は生まれつき決まっているのか，それとも生後の環境によって形作られるのか，という問題である。フランスのデカルト（René Descartes：1596-1650）らによる理性主義（合理主義）は，心（観念）の一部は生得的に備わっていると主張した。これに対し，イギリスのロック（John Locke：1632-1704）は経験主義の立場から，人間の心はもともと白紙（タブラ・ラサ）であり，その後の経験によって観念が書き込まれていくとした。

理性主義の考えを汲んで生まれたのが，アメリカの言語学者チョムスキー（Noam Chomsky：1928-）が提唱した言語習得理論である。全ての言語には普遍文法があり，人間には生まれながらに言語を習得する能力が備わっていると主張した。一方，経験主義は後述するワトソンの行動主義や学習の連合理論に引き継がれていった（第4章参照）。

19世紀に，イギリスのダーウィン（Charles Darwin：1809-1882）が提唱した進化論も，生物学の発展と心理学（特に比較心理学）の成立に大きな影響を及ぼした（第6章参照）。動物と人間を連続したものと捉え，特定の環境下で生存・繁殖するのに最適な特性を持つ個体が選択されるという自然選択の考えは，20世紀末に誕生した進化心理学の礎ともなっており，今なおその影響は続いていると言える。

19世紀半ばに，心に関するさまざまな問いを，自然科学的な手法を用いて明らかにしようとする動きが高まった。その代表的人物として，感覚と物理量の関係を定式化し，精神物理学を体系づけたドイツのフェヒナー（Gustav Fechner：1801-1887）を挙げることができる（第3章参照）。また，エネルギー保存の法則や色覚の三原色説で知られるヘルムホルツ（Hermann Helmholtz：1821-1894）は，カエルの足を使って神経伝達速度を明らかにした。彼のもとで助手をしていたのが，心理学の祖ヴントである。

このように，心理学は，哲学を源流としながらも，19世紀に発展した生物学や生理学，物理学の理論や方法を借りて，学問として独立するに至ったと言える。

（2）初期の心理学

ヴントの実験室では，心理学に精神物理学や生理学の手法を取り入れ，人間の意識（直接体験）を解明することを目指していた。具体的には，実験参加者に与える刺激（光や音など）を体系的に変化させ，そこで知覚された内容を言語で報告してもらうこと（内観法）により，意識の構成要素（感覚やイメージ，感情）とその統合過程を明らかにしようとした。ヴントは，実験心理学の父と呼ばれているが，晩年には，個人を対象とした心理学だけでなく，民族集団を対象とした民族心理学についても考究を行った（第13章参照）。

先述したように，ヴントの実験室からは，多くの研究者が育ち，世界各地で活躍した。例えば，ドイツのモイマン（Ernst Meumann：1862-1915）は実験教育学を提唱し，後の教育心理学の礎を築いた。作業検査法（第10章参照）で知られるクレペリン（Emil Kraepelin：1856-1926）は，精神疾患の系統的分類を行い，精神医学の発展に大きく貢献した。アメリカでは，キャッテル（James M. Cattell：1860-1944）がメンタルテストを考案し，個人差の測定を試みたほか，ミュンスターベルク（Hugo Münsterberg：1863-1916）が作業能率や目撃証言などの研究を行い，応用心理学への道を切り開いた（第12章参照）。他にも発達心理学の祖とされるホール（Granville S. Hall：1844-1924）や，アメリカで初めて心理学クリニックを開設したウィトマー（Lightner Witmer：1867-1956）もヴントから指導を受けた。日本からは松本亦太郎（1865-1943）らが留学し，帰国後，心理学の研究・教育環境の整備にあたった。

初期の学派としては，構成主義と機能主義をあげることができる。前者は要素主義とも言われ，「心がどのような要素から構成されているのか」を追究した。代表的な研究者はティチナー（Edward B. Titchener：1867-1927）である。ヴントの後を引き継ぎ，内観法により意識の構成要素を明らかにしようとした。しかし，内観法は参加者の主観や気分，言語表現力に依存し，客観性に欠けるとの誹りを受けたほか，部分よりも全体性を重視するゲシュタルト心理学（後述）が台頭したこともあり，やがて構成主義は衰退していった。なお，ティチナーは，心理学実験・実習の制度を確立し，現在，各地の大学で行われている心理学実験の基礎を築いたことでも知られる。

機能主義は，ダーウィンの進化論の影響を強く受けた学派であり，心の機能的側面に重きを置く立場から，「心が何のために存在するのか」を明らかにしようとした。アメリカの哲学者・心理学者であるジェームズ（William James：1842-1910）がその代表である（第5章参照）。彼は，人の意識は，固定した要素に分けられるものではなく，水の流れのように，環境に適応しようと絶えず動いているものと考えた。また，情動が身体的・生理的変化の知覚に基づいて生じるとする考え（ジェームズ＝ランゲ説と呼ばれる）や，自己を主体としての自己（主我，I）と対象としての自己（客我，me）とに分けて捉える自己理論を提唱した。

3. 20世紀以降の心理学

（1）20世紀前半

20世紀に入ると，ドイツでゲシュタルト心理学が誕生した。ゲシュタルト（Gestalt）とは，ドイツ語で「形態」を意味する（第3章参照）。創始者の一人であるウェルトハイマー（Max Wertheimer：1880-1943）は，暗室で2つの刺激を短い時間で順に提示すると，その2つの刺激の間に運動が生じたように知覚される「仮現運動」という現象を見出した（図1-1）。また，音楽を聴くときも，個々の音符としてではなく，一つのまとまったメロディーとして知覚されることがわかっている。これらの現象を通して，人の知覚は個々の要素の総和以上のものであり，全体としてまとまりのあるもの（体制化されたもの）として生じていることが示された。全体は部分の寄せ集めではなく，全体の構造が部分を規定すると考えるゲシュタルト心理学は，当初は知覚を研究対象としていたが，やがてレヴィン（Kurt Lewin：1890-1947）らによって，意図

図1-1　仮現運動（大山，1990）

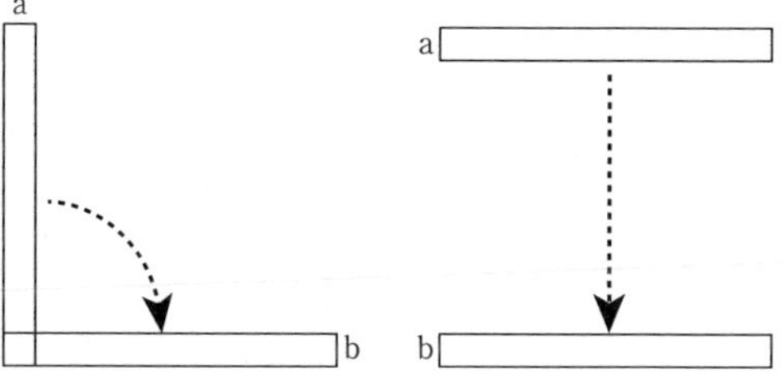

図1-2　心理学の歩み（丸野・宮崎・針塚・坂元，1994，一部改変）

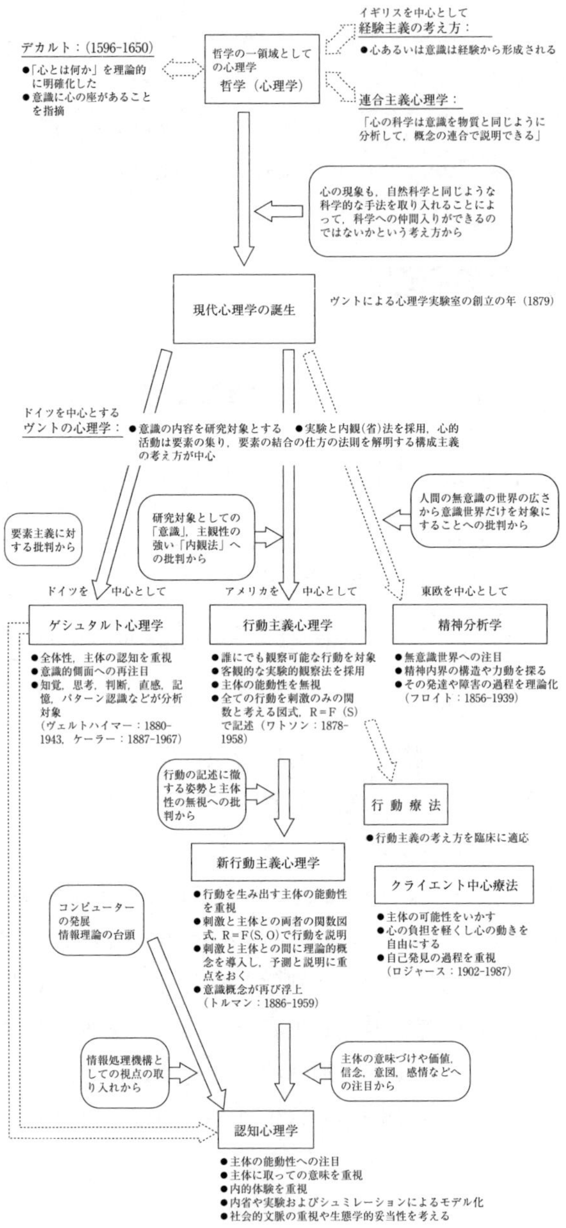

や要求，グループ・ダイナミックスなどの研究にも拡大されることになった（第12章参照）。

1920年代には，人間の意識（内面）を内観法によって解明しようとした古典的な心理学に決別し，外から観察可能な行動のみを取り上げることで，より科学的な心理学を目指す行動主義が台頭した。その代表はアメリカのワトソン（John B. Watson：1878-1958）である。子どもを対象とした条件づけ実験を通して，行動は「刺激（S：Stimulus）と反応（R：Response）」の結びつきによって形作られていることを示した（第4章参照）。初期の行動主義は人の能動性を考慮していなかったが，後にスキナー（Burrhus F. Skinner：1904-1990）が，動物や人の自発的な反応に基づく道具的条件づけを見出し，実践への応用の道を開いた。また，ハル（Clark L. Hull：1884-1952）は刺激と反応を媒介する主体（O：Organism）の役割を強調し，新行動主義を提唱した。行動主義と新行動主義の一連の知見は，学習心理学の基礎を築き，教育心理学や臨床心理学にも生かされるようになった。

オーストリアでは，フロイト（Sigmund Freud：1856-1939）が精神分析を創始した。臨床医としてヒステリー患者の治療にあたる中で，自由連想や夢分析といった手法を編み出し，無意識下に抑圧された過去の記憶が神経症の原因になっていると主張した（第9章参照）。フロイトの心理療法やパーソナリティ理論は，無意識や性的エネルギー（リビドー），幼児期の体験を強調しており，後にユング（Carl C. Jung：1875-1961）やアドラー（Alfred Adler：1870-1937）の離反を招くことになるが，20世紀前半の心理学，さらには哲学や文学などにも少なからぬ影響を与えた。

(2) 20世紀後半から現在に至るまで

行動主義と精神分析が主流を占めていた心理学に，2つの大きな変革がもたらされたのは1960年代のことである。1つは，人間性心理学の登場である。人間を過去の経験や記憶にとらわれた機械的，病的な存在としてではなく，成長可能性のある健全な個人として捉えることの重要性を唱えた。人間性心理学はマズロー（Abraham H. Maslow：1908-1970）の自己実現の理論（欲求の階層説とも言う）や，ロジャーズ（Carl R. Rogers：1902-1987）のクライエント中心療法（第9章参照）によって代表される。マズローの理論では，人の欲求は階層構造をなしており，下位の欲求が満たされると次の欲求が現れると考える。具体的には，下位から順に，生理的欲求，安全の欲求，所属と愛の欲求，自尊の欲求，自己実現の欲求の5つがあげられている。人間性心理学は，行動主義と精神分析に対する「第三の勢力」と呼ばれ，現在のポジティブ心理学の源流になっている。

もう1つは，認知革命と呼ばれるものである。当時著しい進歩を遂げていたコンピューターをモデルに，人間が情報を知覚し，処理し，記憶する仕組みを解明しようとする認知心理学が台頭した（第4章参照）。行動主義が捨象した内面的プロセス（知覚，記憶，学習，思考，言語，意識など）に再び脚光が集まり，さまざまな認知機能の解明が進むとともに，学際的な領域である認知科学の発展にもつながった。認知心理学が誕生するまでの心理学の歩みを図1-2（16ページ）に示す。

現在の心理学は，これらの歴史的遺産とそれらに対する批判の上に成り立っているが，いくつかの新しい潮流も生まれている。上述した進化心理学やポジティブ心理学はその一例である。進化心理学は，人間の行動や心の働きを進化的適応の産物とみなして研究を行う。ポジティブ心理学は，人間の弱みではなく強みに焦点を当て，普通の人々がよりよく生きることを目指すものであり，健康心理学との親和性が高い。このほか，心の働きの普遍性を前提とせず，文化的文脈と行動との相互関係を追究する文化心理学（第13章参照）や，経済学と心理学を融合させ，主に人の意思決定について研究する行動経済学などがある。

これまで述べてきたように，心理学は欧米を中心に発展してきたという歴史がある。そのため，文化心理学の立場からは，標本（サンプル）の偏りに対する批判も出されている。心理学の主要な研究雑誌（ジャーナル）は，英語で刊行されているが，2003～2007年に発表された論文のうち，研究参加者の96％がアメリカをはじめとする欧米人（世界人口の12％）であり，かつその多くが大学生であったという（Henrich, et al., 2010）。ヘンリックらはこのような偏りを“Western, Educated, Industrialized, Rich, Democratic”，略して“WEIRD（異様な）”と名付け，そうした標本から得られた結果を安易に一般化することに対して警鐘を鳴らしている。研究者の多くが大学に所属しており，大学生を対象とした研究が多いという点では，日本（やそれ以外の国）でも同様である。今後はより多様な母集団から標本を得ていくこと[1)]，またアジアをはじめ欧米圏以外から情報を発信していくことが求められていると言えるだろう。

また，研究手法にも新しい潮流が生まれている。伝統的な心理学は，数量化されたデータを用いて，人間行動の一般原則を見出すことを目指してきた。しかし，ややもすると細分化された法則を生み出すことに終始し，現実の複雑な文脈に生きる人間，能動的に意味を紡ぎ出す存在としての人間を捉え切れていないと批判されるようになった。

1980年代ごろから，人類学におけるエスノグラフィーや社会学におけるエスノメソドロジーなどの影響を受けつつ，意味を求める存在としての人間を探究する質的・解釈学的なアプローチが台頭してきた。その1つであるナラティブ・アプローチでは，口頭もしくは文章で語られた物

1）　近年，web 調査の広まりによって，大学生以外の対象者にもアクセスしやすくなっている。

語（ナラティブ）を分析することにより，個人が日常の経験をどのように組織化し，意味づけているかを明らかにしようとする。こうした質的アプローチは，かつてはあまり科学的でないとみなされる傾向にあったが，近年は量的アプローチと補完し合いながら，人間の行動や心を理解する手法の１つとして位置づけられるようになっている。

4. 心理学の分野

ごく簡単に心理学の歴史を見てきたが，約150年の間にさまざまな下位分野が誕生し，学問として体系化されてきた。大きく分けると，人間の行動や心の働きの原理を解明しようとする基礎心理学と，その原理を各分野での問題解決に生かす応用心理学に分けられる。基礎心理学としては，知覚心理学，学習心理学，生理心理学，比較心理学，発達心理学，パーソナリティ心理学，社会心理学などがあげられる。応用心理学としては，教育心理学，臨床心理学，産業心理学，犯罪心理学などがあげられる。ただし，この区分は必ずしも厳密なものではない。学問の有用性を求める声が高まる中で，基礎と応用の境界はあいまいになりつつある。

ここでは，公益社団法人日本心理学会が出している資格「認定心理士」の枠組みに従って，心理学がどのような分野に分かれているのかを見ていく。認定心理士とは1990年に創設された資格であり，「この人物は心理学に関する標準的な基礎知識と基礎技術とを正規の課程において習得している」ことを認定するものである。認定心理士を取得するために必要な心理学の分野は，以下に示すように，基礎科目（a～c 領域）と選択科目（d～h 領域）に分かれている。基礎科目は，心理学という学問の根幹をなす科目群であり，選択科目は，その土台のもとに，扱う対象やテーマによって細分化された専門分野とみなすことができる。

（１）基礎科目

〈a 領域：心理学概論〉

心理学を構成する主な領域に関する均衡のとれた基礎知識を備えるための科目群である。心理学の基礎分野（知覚・認知・学習・記憶・言語・思考・人格・動機づけ・感情・発達・社会行動など）を中心とした概説的な講義を指す。具体的な科目としては，心理学概論，教育心理学概論，基礎心理学，一般心理学，行動科学概論，行動科学などがあげられる。

〈b 領域：心理学研究法〉

心理学における実証的研究方法の基礎知識を備えるための科目群である。具体的には，心理学研究法，教育心理学研究法，心理学実験法，実験計画法，心理測定法，心理検査法，心理統計学，計量心理学などがある。

〈c 領域：心理学実験・実習〉

心理学における実験的研究の基礎を修得するための，心理学基礎実験・実習の科目群である。原則として，複数の心理学実験・実習の課題に，実験者および実験参加者として参加し，得られたデータを自ら分析し，課題ごとに報告書を提出することが求められる[2)]。具体的な科目としては，心理学実験，心理学基礎実験，心理学実験実習，心理学実験演習，行動科学基礎実験，人間行動学実験実習，心理検査法実習などがあげられる。

（２）選択科目

〈d 領域：知覚心理学・学習心理学〉

知覚・認知・学習・記憶・言語・思考・動機づけ・感情などに関する科目群である。例えば，知覚心理学，感覚心理学，認知心理学，学習心理学，思考心理学，情報処理心理学，数理心理学，言語心理学，感情心

2）　c 領域の科目は，放送大学では面接授業，もしくはライブ web 授業でのみ受講可能である。

理学，行動分析学などが該当する。

〈e 領域：**生理心理学・比較心理学**〉

動機づけ・感情・学習・記憶・知覚・認知などの理解のための生理心理学ないし比較心理学に関する科目群である。具体的には，生理心理学，比較心理学，動物心理学，比較行動学，精神生理学，神経心理学などが該当する。

〈f 領域：**教育心理学・発達心理学**〉

学習・発達・人格・評価などの分野を含む教育心理学，および発達の諸段階，発達の原理などを含む発達心理学に関する科目群である。具体的には，教育心理学，発達心理学，児童心理学，青年心理学，生涯発達心理学，教育評価，教育測定，教科学習心理学，教授心理学，学校心理学，発達臨床心理学などが該当する。

〈g 領域：**臨床心理学・人格心理学**〉

性格や人格特性などの個人差の問題や，その測定技法に関する人格心理学，および応用面としての臨床心理学に関する科目群である。具体的には，臨床心理学，人格心理学，性格心理学，健康心理学，福祉心理学，異常心理学，精神分析学，自我心理学，心理療法，行動療法，カウンセリング，面接技法，児童臨床心理学，障害者心理学，行動障害論，適応障害論，適応の心理，臨床心理学実習，心理検査実習，犯罪心理学，非行心理学，矯正心理学，教育相談などがある。

〈h 領域：**社会心理学・産業心理学**〉

人間の集団内の行動理解の基礎となる社会心理学，およびその応用面としての産業心理学に関する科目群である。具体的には社会心理学，実験社会心理学，集団心理学，グループ・ダイナミックス，心理学的人間関係論，対人関係論，対人行動論，対人認知論，コミュニケーションの心理学，マスメディアの心理学，家族心理学，コミュニティ心理学，環境心理学，産業心理学，組織心理学，労働心理学，消費者の心理，文化心理学，広告心理学，交通心理学，ビジネス心理学，化粧心理学，被服心理学などが該当する。これらの基礎科目と選択科目のほかに，「i 領域：その他の科目」もある。上記に含まれない，スポーツ心理学，音楽心理学などの心理学関連の科目や，心理学に関わる卒業研究の単位が認められる。認定心理士の資格認定には，基礎科目を12単位以上，選択科目を16単位以上，その他の科目と合わせて総計36単位以上の単位を必要とする（表１-１）。

関心のある方は，日本心理学会のホームページにある「認定心理士の資格を取りたい方」のウェブサイト（http://www.psych.or.jp/qualification/standard_new）をご覧いただきたい。先に述べたように，認定心理士は心理学の基礎的な知識や技術を身につけていることを認定する資格であり，臨床心理士や公認心理師のように，専門職に就くことを保証するものではない。しかし，資格を取得するにせよしないにせよ，心理

表１-１　認定心理士資格単位認定基準（日本心理学会，2023）

<table>
<tr><td rowspan="3">基礎科目（合計12単位以上）</td><td>a 領域：心理学概論</td><td>４単位以上</td></tr>
<tr><td>b 領域：心理学研究法</td><td rowspan="2">８単位以上（最低４単位は c 領域から履修）</td></tr>
<tr><td>c 領域：心理学実験実習</td></tr>
<tr><td rowspan="5">選択科目（合計16単位以上）</td><td>d 領域：知覚心理学・学習心理学</td><td rowspan="5">５領域のうち，３領域以上で，それぞれ４単位以上</td></tr>
<tr><td>e 領域：生理心理学・比較心理学</td></tr>
<tr><td>f 領域：教育心理学・発達心理学</td></tr>
<tr><td>g 領域：臨床心理学・人格心理学</td></tr>
<tr><td>h 領域：社会心理学・産業心理学</td></tr>
<tr><td>その他</td><td>i 領域：心理学関連科目，卒業論文・卒業研究</td><td></td></tr>
<tr><td colspan="3">総計36単位以上</td></tr>
</table>

学を偏りなく，幅広く学ぶにあたって，認定心理士の資格認定基準は１つの道標になると思われる。本科目『心理学概論（'24)』は，認定心理士の資格ではａ領域に該当する。上述したように，心理学の下位分野（専門科目）は細かいものまで含めると膨大な数にのぼる。本書でそれら全てを網羅することはできないが，心理学の幅広さが伝わるよう，第３章から第13章にわたって，代表する分野を取り上げて概説する。読者にとって興味深く感じられた分野があれば，各章の最後にある参考文献などを利用して，さらに学びを深めていただければと思う。

引用文献

Henrich, J., Heine, S. J., & Norenzayan, A. (2010). The weirdest people in the world? *Behavioral and Brain Science*, 33, 61-135.

稲葉昭英（2002）．結婚とディストレス　社会学評論，53，69-84.

石川 晃（1999）．配偶関係別生命表：1995年　人口問題研究，55，35-60.

Kiecolt-Glaser, J. K., & Newton, T. L. (2001). Marriage and health: His and hers. *Psychological Bulletin*, 127, 472-503.

丸野俊一・宮崎清孝・針塚 進・坂元 章（1994）．心理学の世界（ベーシック現代心理学）有斐閣

大山 正（1990）．ゲシュタルト心理学　大山 正・岡本夏木・金城辰夫・高橋澪子・福島 章（著）．心理学のあゆみ〔新版〕有斐閣　Pp.37-72.

参考文献

サトウタツヤ・渡邊芳之（2011）．心理学・入門：心理学はこんなに面白い　有斐閣

https://psych.or.jp/qualification/standard_new（最終参照日　2023年10月31日）

学習課題

1．あなたが関心を持っていることは，心理学のどの分野に相当するか探してみよう。
2．心理学の長所と短所を，あなたなりに整理してみよう。

2　心理学の研究方法

高橋秀明

《学習のポイント》　人の心の仕組みや働きを明らかにするためには，何らかの客観的な証拠に基づいて議論することが必要である。心という捉えどころがない対象に迫るために考案されてきた研究法（観察，実験，調査，質問紙法，面接法，事例研究）について解説する。
《キーワード》　構成概念，観察，実験，調査，質問紙法，面接法，事例研究

1．教科書と研究論文と研究

本書は放送大学が提供している科目の印刷教材であるが，いわゆる教科書，テキストブックである。教科書とは二次的な資料と言われるが，その意味は，一次的な資料を参照して制作されている，執筆されているからである。一次的な資料とは研究論文であり，研究論文とは研究の成果として公表されたものである。つまり，本書は，心理学に関わるさまざま研究論文のうちのいくつかを参照して，心理学の概論，つまり，基本的な考え方を紹介している教科書である。

それでは，研究とは何であろうか？　心理学に限定されないが，研究とは，問題を設定して，その答えを提出することを言う。研究者は，問題が問題として意味のある問題であることを主張し，何らかの証拠を元にして，その問題に対する答えであることを証明する。このような研究の過程を文書として表現されたものが研究論文というわけである。

問題が問題として意味のある問題であることを主張するためには，そ

の問題が対象としている研究分野での過去の研究を踏まえて，どこまでがわかっていてどこからがわかっていないのか，吟味することが必要となる。そうして，過去の研究に間違いがあったり，過去の諸研究の間で矛盾があったり，あるいは，過去に研究が存在していないことを指摘して，自分の研究が解決しようとする問題の意味や意義を主張することができることになる。この過去の研究が，心理学での個別の研究分野で蓄積されてきたわけであり，その成果（の基本的な内容）が，第3章から第13章で扱われている。ちなみに，過去の研究は「先行研究」と言われる。

自分の研究が解決しようとする問題に証拠を示して答えを出すのが研究であるが，この証拠というのが，経験的なデータとなる。経験的なデータとは，ある一定の手続きに従って集められたデータということであり，その手続きが「研究方法」と言われるものである。つまり，一定の研究方法によってデータを収集し，得られたデータを分析する，ということを通して，証拠とすることができるわけである。

そこで，本書では，本章第2章でデータ収集を，第14章でデータ分析をそれぞれ扱うことになる。このようにデータを重視するのは，心理学は経験科学である，あるいは実証科学である，ということでもある。なお，放送大学の開設科目では，データ収集については「心理学研究法」，データ分析については「心理学統計法」においてそれぞれ詳細に検討されている。本書は「概論」ということで，それぞれの初歩的，基本的なことに触れることとする。

（1）構成概念について

ここまでの本章の説明文を，読者は読み進めてこられたであろうか？文章を読んで理解するということも，認知心理学の研究テーマである。

一方で，日常生活でも，心理学という研究とは独立に（関係なく），さまざまな文章を読んで理解して，私たちはさまざまな意思決定をして行動をし続けている。これは，日常生活で出会うさまざまな言葉や事物の意味を私たちが理解していることを示している。これを，私たちは，素朴概念を持っているからと解釈することができる。

これに対して，認知心理学の研究領域として「理解」という概念を使う場合には，研究者はその概念をきちんと定義して使う必要がある。これは，構成概念と言われる。例えば，同じ「理解」という概念を使っていても，日常生活での意味と認知心理学という研究での意味とは一致していない，ということである。科学という営みの厳密性，客観性，ということである。

そこで，心理学という科学の営みにおいては，まずは，研究対象である構成概念を，理論的定義によって規定する。理論の始まりである。そして，その構成概念を操作的定義によって規定する。データ収集の始まりである。

この構成概念の理論的定義と操作的定義との違いを説明するために，よく使われる例として「知能」という概念がある。まず「知能」の意味を，手元にある国語辞典で調べてみると，次のように説明されている（山田ら，2020，p.991）。

知能　頭の働き。知恵の程度。

この辞典では一緒に「智能」という熟語も出ており興味深いが，この説明は「素朴概念」である。心理学において「知能」を研究する際には，理論的定義をする必要があるが，実は，心理学者によってその定義はさまざまである。まさに，それぞれの研究者が提唱したい（あるいは信じている）理論によって，その定義が異なるわけである。

一方で，操作的定義として「知能検査で測定されたもの」というのは研究者の間でも共通認識を得やすい。こうして，心理学で「知能」を研究する際には，その研究対象である「知能」をどのように測定するか，つまり，観察してデータにすることができるか検討して，知能検査を新たに開発しようとか，既存のものを利用しようとすることになる。

（2）研究の諸側面：研究に関わるさまざまな人

ここまで，心理学の研究について「研究」と一つの概念で説明してきたが，実は，研究にはさまざまな側面がある。逆に言うと，さまざまな人が関わって一つの研究が行われている，ということである。以下，羅列してみる。

・研究者　心理学を科学として研究する当事者のこと。
・参加者　心理学の研究において，研究の対象となる人のこと。研究者によって研究される対象者のこと。個人の場合に限らず，複数人の場合，グループの場合，集団や組織の場合もあり得る。心理学では，動物が研究対象となることもあるが，その場合には，被験体と言われる。
・実験者や調査者　データ収集の実務を担当する人。実験の場合には実験者となる。調査の場合には調査者となる。
・研究協力者　研究者からの依頼を受けて，研究に協力する人。研究者と参加者との間をとりもったり，実験にサクラとして参加協力したり，質問紙の配布を手伝ったり，といろいろな形があり得る。
・データ分析者　データ分析をする当事者のこと。
・データ分析協力者　データ分析の過程で，特にデータ分析の信頼性を確認するために複数人で同じデータを分析して同じ結果が得られることを確認する必要があるが，その協力者のこと。
・論文執筆者　研究論文を執筆する当事者のこと。

読者の多くは，将来心理学の研究をしたいとまでは考えていないかもしれないが，例えば，卒業研究や大学院の研究をしたいという場合には，この研究者という立場と，実験者や調査者，データ分析者，そして論文執筆者という立場とが全て同一の人であることが普通である。

2. 科学的方法の基礎としての観察

ここからは，本章の主題である「研究方法」について，その基本的な考え方を検討していこう。

まず，科学における研究の方法は「観察」から始まる。あるいは，観察とは，科学の方法の基礎であると言ってもよい。観察に何らかの条件や制約が加わった方法が，実験や調査（質問紙や面接）と言われる方法であると言える。そこで，そのような条件や制約によって，どのような観察があるのか？　観察という方法がどのように分類されるのか？　ということから検討してみよう。

（1）観察のさまざまな分類

自然的観察と実験的観察：拘束の有無

まずは，研究対象に対して拘束をかけるか否かによって，自然的観察と実験的観察とに分類することができる。自然的観察とは研究対象に対して何も拘束をかけずに，現象が起こるままに観察することである。一方，実験的観察とは研究対象に対して何らかの拘束をかけてその拘束という干渉のもとで現象を観察することである。

自然的観察を行う場合，参加者の日常生活を「全て」観察することが理想的な観察である。しかし，「全て」を観察することはほとんど不可能である。日誌法を採用しても，観察の精度は担保できない。そこで，自然的観察であっても，観察の仕方や条件を決める，具体的に何を観察するかを決める事象見本法，いつ観察するかを決める時間見本法，どんな場面を観察するかを決める場面見本法を取ることになる。たとえば，母子関係という事象を観察対象とする，母子間コミュニケーションの最初の5分間だけを観察対象にする，食事の場面を対象とするということである。

客観的観察と主観的観察

次に，第三者として他者を観察する客観的観察と，参加者自身が自分を観察する主観的観察とに分類することができる。主観的観察には，内観，内省，自己観察という用語も使われることが多い（以下，「内観」という用語を使うことにする)。主観的観察は，人間に特有の能力である，つまり，人間は言語を使って自分自身を観察し，その観察結果を報告することができるわけである。

主観的観察：時間と体験と

やや細かい観点になるが，主観的観察は，さらに3つに分類することも可能である。ここでは，増田（1933・1934）の用語を使って紹介しよう。

同時的内観：観察対象となる現象が起こっているのと同時に，それを観察する，つまり内観することを言う。
追想的内観：観察対象となる現象を振り返って内観することを言う。
追験的内観：観察対象となる現象を単に振り返るだけではなく，その過ぎ去った心的状態や活動を再び体験して内観することを言う。

このように増田（1933・1934）の用語を引用したわけだが，読者はずいぶんと昔の書籍を引用していると感じたかもしれない。内観については，現代の心理学では，例えば，認知心理学の研究方法として「言語プロトコル法」や「発話思考法／思考発話法」と呼ばれる方法が相当していると言えよう。その典型的な教示は「課題解決中に考えていることを話しながら（think aloud）解決してください」というものだが，まさに，同時的内観に相当している。この教示を，事後に，例えば，課題解決が終わってから（正解に達したか否かがわかってから），その課題を解決している最中のことを振り返って，参加者に内観することを求めれば，追想的内観に相当する。さらに，その課題を解決している場面を録画した映像をプレイバックしながら，参加者に内観を求めることは（参加者にも研究者にも手間はかかるが）可能であり，追験的内観に近い方法と見なすことは可能であろう。

縦断的観察と横断的観察

上の主観的観察の分類では，時間軸が分類軸の１つであった。そのことに関連して，縦断的観察と横断的観察という分類について触れておく。例えば，発達心理学では，加齢に伴う心理的な変化を研究するために，縦断的観察と横断的観察という異なった方法をとることができる。縦断的観察とは対象となる参加者個人を，例えば幼少期から青年期，高齢期と追跡していく方法となる。それに対して，同じ時期に，幼少期，青年期，高齢期の別々の参加者を対象にして観察する場合には，横断的観察ということになる。

縦断的観察に関連して，特別な名称で呼ばれる観察の方法もあるので，簡単に紹介しておこう。

パネル調査：パネルとは同じ参加者のことを言い，そのパネルに対して一定期間繰り返し質問紙調査を行うという方法を取ることができる。

コホート調査：コホートとはある共通した因子を持つ集団のことを言い，その因子を持つ集団と持っていない集団とに対して，一定期間追跡するという方法を取ることができる。

パネル調査もコホート調査も，時間経過に伴う回答の変化を分析したり，因果関係を予測したりすることが可能となる。

組織的観察と非組織的観察，参与観察

心理学研究における参加者は，個人を対象とする場合だけでなく，ペアや小集団，組織・社会を対象とする場合もある。そこで，組織的観察と非組織的観察という分類を想定することもよくなされている。この分類は，観察にあたり，観察の仕方や条件を決めて組織的に行うか，比較的自由に行うか，ということである。

非組織的観察は，さらに参与観察と非参与観察とに分類される。参与観察は参加観察とも言われるが，研究対象が組織や集団である場合に，研究者が自らそのグループの一員となりながら観察することを言う。一方の非参与観察とは，そのグループの一員とはならずに，あくまでも，部外者あるいは第三者として，研究対象である組織や集団を観察することを言う。具体的には，見聞や視察や事情聴取といった方法を取ることになる。

観察手段による分類

本節は，「科学的方法の基礎としての観察」と題して，さまざまな分類の軸や基準について検討してきたが，さらに，有力な分類の軸があるので，紹介しておきたい。つまり，観察手段による分類であり，その結果，私たち人間の世界は，吉田（2014）の用語を借りれば，「感覚の世界」「道具の世界」「計測器の世界」へと広がったと言うこともできる。

・感覚の世界：我々人間は感覚を持っており，その感覚を使って観察することができる。五感と言われるが，視覚・聴覚・触覚・嗅覚・味覚によって，観察手段を分類することができるわけである。
・道具の世界：道具によって，我々の感覚の世界は拡張したと言うことである。例えば，視覚を例にとれば，拡大鏡といった道具によって，視覚だけでは見ることのできない微細な世界を観察することができるようになったわけである。また，感覚とは区別するべきであると思われるので，ここで道具として説明するが，人間にとっては，言語を用いて観察することも多々行われている。
・計測器の世界：単純な道具では及ばない極端な対象に対して観察することができる。そして，数値で表すことのできる特徴を明確に示してくれるのが，計測器の利点である。心理学研究においても，参加者の反応時間を測定するために，ストップウォッチという計測器を利用することも多々あるし，あるいは，研究者にとっても計測器という意識は低いかもしれないが，例えば，参加者の行動をビデオカメラで録画するということだけでも，参加者の各種の行動の時間を事後に数値で表すことが可能となるわけである。
・思弁の世界：吉田（2014）は，さらに，計測器の世界の外側に，いわば「思弁の世界」が広がっていると述べていることも付け加えておこう。測定したくても測定できない，観察できない対象も存在しているが，その際には，「論理に根ざした人間の想像力が必須」と言う。いわば「思考実験」である。数理モデルによるシミュレーションという方法が該当するが，第14章で検討する心理統計学との関連が深いと指摘するだけにとどめておく。

以上，観察を分類するための軸は複数あり，多くの場合独立した軸であるので，それらを組み合わせて，さまざまな分類の観察を想定することが可能となる。あるいは，読者が想定している心理学研究における観察の特徴を明らかにする意味でも，これらの分類の軸に従って，再検討してみてほしい。

量的研究と質的研究

上で，観察手段による分類の計測値の世界で，数値で表すことのできる特徴を明確に示してくれるのが，計測器の利点であると書いた。そこで，量的研究と質的研究という区別についても触れておこう。

端的には，数値で表すことができるデータ（量的データ）に基づいた量的研究と，数値で表すことはできないが自然言語で表すことができるデータ（質的データ）に基づいた質的研究，という区別である。上で，道具の世界で，人間は言語を用いて観察することができると書いたが，まさに自然言語のことである。

（２）観察における問題：信頼性と妥当性，バイアス

ここまで「科学的方法の基礎としての観察」について検討してきたが，「科学的方法」と強調しているのは，研究方法として妥当性と信頼性とが必要であるということである。ここで念のための注意点を述べておくと，研究方法としての妥当性と信頼性ということは，観察という方法に限定することではなく，実験や調査など全ての方法においても当てはまるということである。

妥当性とは，観察目的と観察方法との整合性のことを言う。つまり，観察したい目的のものをどれくらい本当に観察しているのか？　ということである。一方で，信頼性とは，観察方法の客観性のことを言う。つまり，観察したい目的のものをどれくらい正確に観察しているのか？

ということである。信頼性については，その程度を数量で示すことが可能な基準と言える。すなわち，同じ観察を繰り返し行って安定した観察結果が得られるとか，独立した別の観察者が同じ対象を観察して同じ観察結果が得られるとか，1つの観察において一貫した観察結果が得られる，というように，相関係数や一致率という数量で示すことが可能である。

観察におけるさまざまなバイアスという問題についても簡単に触れておこう。「科学としての心理学」としても，留意しておく必要のあることである。

ここでは，Barber（1976 古崎監訳 1980）による10のピットフォール（落とし穴）を紹介しておこう。それぞれ「効果」としているが，落とし穴，つまり，悪い影響という意味である。

研究者のもたらす効果

研究者のパラダイム効果
研究者の実験計画効果
研究者のルーズな実験手続き効果
研究者のデータ分析効果
研究者のデータ操作（改竄）効果

実験者のもたらす効果

実験者の個人的属性効果
実験者の手続き遵守不履行効果
実験者の記録ミス効果
実験者のデータ操作（改竄）効果
実験者の無意図的期待効果

研究者のもたらす効果と実験者のもたらす効果とに分けて検討されて

いるところは参考になるであろう。つまり，研究者と実験者とは，その役割や機能が異なる，ということであり，上で説明した通りであるが，卒業研究や大学院研究をしている読者であれば，研究者と実験者とは同一人物である読者自身であるということが多いであろうが，そうであればなおさら，この効果が高まるということも認識しておくべきであろう。なお，調査（質問紙や面接）を行う場合にも同じピットフォールがあることは念のため注意しておきたい。

まず，研究者のパラダイム効果であるが，研究者の信じている世界観や研究枠組み自体が効果を持つということである。科学哲学で「観察の理論負荷性」と言われていることであるが，観察に先立って研究者の持っている理論が観察に影響を与えることを言う。次の実験計画効果とは，どのような実験計画を立てるかということ自体が効果を持つということである。その実験計画の中でも，実験手続きがルーズ，つまりいい加減であると，それ自体が効果を持ってしまう。また，得られたデータをどのように分析するか，データ分析自体が効果を持つと言われている。実験手続きもデータ分析も実験計画において決めることであり，実験計画は研究者のパラダイムによって影響されると考えられるので，ここまでの効果は，上記の妥当性の問題と言えるだろう。最後のデータ操作（改竄）効果については説明は不要であろう。

実験者の個人的属性効果とは，文字通り，実験者の，性別や年齢など個人的属性が効果を持つということである。実験者の効果のうち，手続き遵守不履行効果，記録ミス効果，データ操作（改竄）効果については，研究者側の実験計画効果，実験手続き効果，データ分析効果，データ操作（改竄）効果とも関連が深いことは理解できるであろう。実験者の無意図的期待効果とは，実験の目的や仮説を実験者が知っていると，意図していないけれども，実験条件毎に，実験参加者に対して異なる言葉がけや仕草をしてしまい，実験結果に影響するということである。

研究者のデータ操作（改竄）効果と実験者の５つの効果については，上記，観察の信頼性の問題と言えるだろう。なお，研究者・実験者のデータ操作（改竄）効果については，研究倫理上の問題でもあることは指摘しておいてよいだろう。そこで，研究倫理について項を改めて触れておく。

（３）研究倫理について

研究倫理とは，研究という活動が社会的な使命を帯びたものであり，研究者は全ての活動において倫理的な規範を守る義務があるという意味である。心理学においても同様であり，研究者は参加者の人権と先行研究の研究者の権利とを守る義務がある，ということである。そのような義務を果たしてはじめて，研究者としての権利を主張することができるわけである。そこで，例えば，日本心理学会では「倫理規定」を定めているので，興味を持った読者は自分で確認してほしい。

研究の実務においては，実験や調査を開始する前に，参加者に研究協力の依頼をする段階から，実際に実験や調査を行い，得られたデータの分析を行い，論文などにまとめて成果を報告し，得られたデータを管理する，といった一連の行程において，参加者の人権を守るということが大切であり，実際の実験や調査に先立ち，研究協力の合意書を交わす，という手続きも取られる。

ナイーブな（何も知らない）参加者と言われるが，心理学研究では，研究目的を知らせないで，極端には参加者を騙して実験や調査を行うこともある（ディセプションと言われる）。そのような場合には，事後に真相を明らかにして参加者に納得してもらってから実験や調査を終える必要がある（デブリーフィングと言われる）。

また，参加者に謝礼を与える，参加を条件に単位を与えるという場合もある。さらには，研究自体が何らかの団体から援助を受けている場合もある。これらは，利益相反と言われる。これらのことは，研究という活動が社会的な活動であることの意味でもある。

そこで，大学や研究機関では研究倫理を審査する仕組みを作っている。例えば，放送大学においても，研究倫理委員会を組織し，研究倫理審査を行っている。卒業研究や大学院（修士・博士）研究を行う場合には，指導教員と相談をして，研究活動に入る前に，研究倫理審査が必要かどうかをよく検討しておくべきである。

データ分析を終えて，論文執筆の段階になっても研究倫理の問題は終わらない。つまり，論文執筆においても，先行研究は「引用」しなければならない。先行研究の研究者の研究成果を「引用」しないで，あたかも自分の研究成果であるかのように論文に書いてしまうことは窃盗（剽窃(ひょうせつ)）であり，先行研究の研究者の権利を侵害しているからである。

3. 代表的な研究方法：実験と調査，事例研究

本節では，代表的な研究方法として，実験や調査，そして，事例研究について検討しよう。

（1）実験

上で，実験的観察かつ客観的観察が「実験」の典型例であるが，実験的観察かつ主観的観察も「実験」であることも説明した。

そもそも，研究者が実験を行うのはなぜであろうか？　それは，研究対象をより厳密に観察するためであり，そのためには自然的観察では不可能であるからである。実験的観察で何らかの拘束をかけるわけだが，基本的にはあらゆる事柄に対して拘束をかけることができる。ただし，

上で述べたように，参加者の人権が守られている範囲内で拘束をかけることができるという制約がある。

あらゆる事柄に対して拘束をかけるとは，実験の手続きに関することに対して拘束をかけるということであり，研究者は自分が行う実験の手続きの詳細を決めておく必要があるということである。研究者は，自分の研究目的に照らして，最も妥当な実験の手続きを決めて，参加者に協力依頼をして，実験を実行することができるわけである。

それでは，研究目的とは何であろうか？　一般的に，研究目的としては，研究対象の記述，予測，制御のどれかを行うため，ということになる。研究対象を記述することを目的とする研究の場合であれば，実験手続きという拘束された状況下で，参加者にどのような変化が見られるかを粛々と観察すればよい。しかし，研究対象を予測したり制御したりすることを目的とする研究の場合には工夫がいる。なぜなら，予測と制御とは，何らかの因果関係を前提にしているからである。因果関係とは，原因と結果との対応関係ということである。すなわち，実験手続きという拘束された状況が原因となり，参加者が変化することが結果となるような対応関係ということである。この対応関係が成立するためには，原因と結果とでは原因が時間的に先行していること，特定の原因からしか当該の結果が見られないこと，他の原因から同じ結果が見られないこと，などが担保されていることが必要となり，そのことを，実際に実験を行ってみて，その実験結果で確認する（これを仮説検証という）こととなる。以上は，実験計画法と呼ばれる技術あるいは手続きの基本的な考え方である。

上で，実験手続きの詳細を決めておくと書いたが，その意味は，その詳細の内容を変えてしまうと，参加者の変化の仕方も変わってしまう，ということである。まさに，実験のデザインである。これは，実験が，実験手続きの詳細という変数と，参加者の変化という変数とが，関数関係を結んでいると解釈することができる。こうして，実験計画法においては，実験手続きの詳細という原因となる変数を「独立変数」，参加者の変化という結果となる変数を「従属変数」と呼び，関数 $y=f(x)$，つまり，従属変数 y は，独立変数 x に依存して変化する，というように考えることができるわけである。

実験においては，従属変数という結果が，独立変数という原因の結果であるというのが有意味な情報である。しかし，従属変数という結果は経験的なデータであり，さまざまな理由から変動するために，そのデータから有意味な情報を取り出すためには工夫が必要となる。実験計画法においては，データの変動は，２つの種類の誤差によると考える。つまり，系統誤差と確率誤差と呼ばれる誤差であり，確率誤差がまったくの偶然による誤差で，系統誤差が何らかの原因から系統的に起こってしまう誤差である。この何らかの原因として特定できる変数は剰余変数と呼ばれる。確率誤差はまったくの偶然によって起こってしまうので，研究者は統制することは理論的に不可能である。一方で，系統誤差（剰余変数）については，研究者はその経験や知識によってその原因を知ることができ，理論的には統制可能である。そこで，実験計画法とは，剰余変数の影響を統制し，より高い精度を持って有意味な情報を検出するための技術・手続きであると言える。

剰余変数の統制については，統計的統制と実験的統制とに大別できる。統計的統制は，剰余変数として働くと想定される変数を測定し，その測定値を使って，統計的に剰余変数の影響を統制することを言うが，全ての剰余変数を測定できないので，統計的統制のみで統制するのは現実的ではないと言われる。そこで実験的統制として，実験を実施するにあたり剰余変数に働きかけて，その剰余変数を一定になるようにする。実験的統制の対象は，個体差変動，個体内変動，直接的変動に大別される。参加者の個体間の差，個体内の差，そして，実験の環境の差の統制ということである。これらの剰余変数の統制については，第４節で，具体例をあげながら検討する。

（２）調査

一般には「アンケート」や「インタビュー」という用語で知られているが，ここでは「質問紙法」と「面接法」という用語で以下検討を続ける。いずれも，言語を媒介とした観察の方法であると言うことができる。あらためて述べるまでもなく，言語とは人間を人間らしくしている特徴の１つである。そして，言語を使って，物事について尋ねる，調査する，すなわち言葉のやり取りをするということは，日常生活においてもごく自然に行っていることである。上で「実験」について検討したが，実験においては，実験者が参加者に言葉を使って「教示」を行って実験を行うことになるので，「調査」であるということもできることも指摘しておこう。

質問紙法とは，言語を媒介とするが，それを文字や記号など書き言葉を利用して行う方法であると言えよう。面接法とは，やはり言語を媒介とするが，それを話し言葉を利用して行う方法であると言えよう。いずれも，絵画などを示して質問したり，回答は絵を描くことで求める，ということもあるが，それに付随して，書き言葉や話し言葉を使って観察するので，言葉を媒介とする観察の方法と言ってよいであろう。

上で，観察の分類で検討したことを，調査についても検討してみよう。まず，自然的観察と実験的観察の分類については，調査は実験的観察と見なすべきである。日常生活で自然言語を使うのは当事者が自発的にしているに過ぎないからである。客観的観察と主観的観察の分類については，調査は両方とも同時に行われていると見なすべきであろう。研究者や調査者は第三者として観察しているが，参加者も主観的観察を行った結果を言葉を使って報告しているからである。

そこで，調査の特徴を一言で述べるとすると，研究者（ないしは実験者や調査者）も参加者も，その言語能力に大きく依存しているということがある。研究者（ないしは実験者や調査者）の言語能力とは，質問紙法でも面接法でも，参加者に尋ねる質問の仕方，質問の内容について，信頼性・妥当性のあるものを開発し，質問と応答を実践する能力ということである。参加者の言語能力についても同様であるが，特に，年少者や高齢者，言語障害者，外国人などが参加者である場合には，特別の配慮が必要になることも多い。

質問紙法でも面接法でも，参加者と調査者とが対面して調査を行うことができる場合には，以上の言語能力の制約を解消できる機会があるとも言える。対面の調査の場面で，質問や回答を繰り返したり補足説明をしたりすることが容易であるからである。しかし，そのことによって，調査としての信頼性・妥当性が揺るがないように配慮することも必要になってくることも事実である。参加者と調査者とが対面して調査を行うことができる場合には，直接の観察の利点も生かすことが可能になることも指摘しておいてよいだろう。研究の目的とは直接関係がないことに思われるかもしれないが，調査中の参加者の挙動には調査者は留意する必要があるだろう。直接の観察の利点としてよく挙げられることとしては，参加者の行動の変化や事態の経過を同時に記録することができる，研究目的以外の副次的な側面についても観察できる，その場で観察の精度を上げることができる，ということがある。一方で，直接の観察には，観察者（調査者や実験者）の観察技量に依存するという根本的な制約があることも事実である。もっとも，観察は科学的方法の基礎であるので，全ての研究方法は，観察者の観察技量に依存しているので，同語反復でもある。

調査，つまり言語を媒介とする観察には，いくつかの利点がある。まず，外部から観察することができることと，参加者の行動や生理の変化との間にあるものについて，例えば，参加者の感情，知覚，欲求，動機と言われるものについては，言語によってアプローチすることが可能であるということである。参加者の歴史的な側面についても，十全ではないが，言語によってアプローチすることが可能である。昔のことを尋ねたり，時間をおいて質問を繰り返したりすることは，実行可能性が高いと言えよう。そして，参加者のプライベートなこと，独自的なことについても，言語によってアプローチすることが可能である。いずれも，人間を人間らしくしている言語の特徴ということであろう。

面接については，その構造化のレベル，つまり，面接での進行（質問や回答）の仕方によって，構造化面接，半構造化面接，非構造化面接に分類することができる。

構造化面接：文字通り，面接における質問の内容や回答の仕方が決まっているものである。質問紙法という方法を，面接という形式で実行したものと捉えることができる。ただし，参加者に自由に回答することを求める質問については，口頭で回答されるので，文法的におかしな発話があることは想定しておくべきであろう。その際に，参加者に，その発話の意味内容を確認すると，厳密には，次の半構造化面接ということになる。

半構造化面接：面接における質問内容や回答の仕方が決まっているものであるが，参加者の回答によって，質問内容を深めたり変えたりということを行って，調査の目的を実行しようとするものである。参加者の回答を事前に予測することは不可能に近いので，研究者（ないし調査者）

には，その場その場で適切な質問を重ねることができるような能力が求められる。研究者（ないし調査者）が，面接の目的から外れてしまうが，ついでに質問してしまおうすると，次の非構造化面接になってしまう。

非構造化面接：文字通り，面接における質問の内容や回答の仕方を事前には決めずに行うもので，日常生活における会話と区別がつかないものであると言える。面接の場を設定して，研究者（ないし調査者）と参加者とが対面するので，面接での話題や目的を参加者に知らせないことは考えにくいので，面接の話題や目的について，参加者に自由に話すことを求める，というようにして面接を開始して，その後は，研究者（ないし調査者）の力量に応じて，面接を続けていく，ということになる。

研究者としては，質問紙法を採用し，調査者が参加者と対面で調査を依頼しない場合には，構造化面接のレベルで観察を行っているのだ，ということは常に意識しておきたい。参加者が，質問項目をきちんと読まない，適当に回答してしまう，嘘の回答をする，など，観察の信頼性が満たされない可能性はいつもあるのだ，ということも常に意識しておきたい。

最後に，面接が参加者と対面して行うことを前提にして，ここまで検討してきたが，例えば，電話を利用した調査，最近ではWeb会議システムを利用した遠隔調査も行われるようになってきた。これは，参加者と調査者との間の言葉のやり取りが同期しているので可能になった方法であると言えよう。

（3）事例研究

ここまで，観察という方法にはさまざまな分類の仕方があること，そして，観察方法を限定したものが実験や調査と呼ばれる方法であることを述べてきた。研究目的が人間全般，人間一般，原理や法則であるので，本項で検討する事例，つまり，ある１人の人間，ある１つのグループ（集団や組織など）を研究対象としていることに，矛盾を感じる読者も多いだろう。しかし，複数の参加者を対象にした実験や調査を行う場合でも，参加者毎に実験を行うし（個人実験という），質問紙調査の形式で複数の参加者に一斉に実験を行う（集団実験という）こともできるが，参加者一人一人のデータを吟味する必要があるという意味では，事例研究の積み重ねとしての集団実験なのだと捉えることも大切である。多数の参加者に質問紙調査を実施する場合でも，一人一人のデータを吟味する必要があることは同じである。

さて，本項で検討する事例研究は，最初から，ある１人の人間やグループを研究対象にしても意味があるのだという立場からのものである。心理学で代表的な事例研究と言えば，臨床心理学における事例研究があげられる。ある１人のクライエントを対象にした臨床実践の記録に基づいた研究である。あるいは，上で，参与観察について述べたが，研究者が自ら当事者となって，ある実践を行い，その際のさまざまな記録に基づいて研究を行うということもある。このように事例研究では，研究というよりも，実践という側面が強いことも事実である。そして，実践を通して，研究対象の「本質」を明らかにすることができるという立場を貫いていると言うことができる。

もう１つ，行動分析学における事例研究にも触れておくべきであろう。スキナーが創始した学習心理学の１つの立場であり，最近では，応用行動分析と言われ，臨床心理学の１領域である認知行動療法の理論的な支柱になっている。シングルケース研究と言われるが，ある１人のクライエントを対象に，臨床的な処方の効果を査定していく方法である。

このように見ていくと，研究というものを，何かの「方法」や「手段」と捉えるばかりでなく，「活動」や「実践」と捉えることも生じていると指摘することができる，ということである。以上のように心理学における事例研究は，さまざまな立場から行われている。上で，研究者のパラダイム効果について検討したが，それぞれの研究者が持っている（信じている）理論，さらには人間観や科学観と行ったメタ理論（理論の理論）によって，研究自体の結果が影響を受けているということである。

4．研究例「鏡映描写実験」のデータ収集

本章ではここまで，研究方法ということでデータ収集の方法を検討してきたが，抽象的な説明であった。そこで，具体的に説明しておくために，研究テーマの事例を定めて，以下補足をしておきたい。ここでは，放送大学面接授業「心理学実験」でも取り上げられているが，鏡映描写実験を取り上げる。

鏡映描写実験は，鏡映描写器と呼ばれる実験器具を利用するのが一般的である（図２-１）。

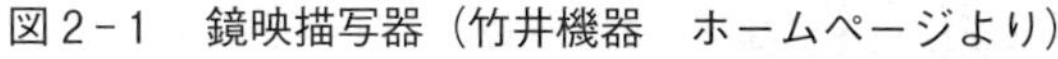
図２-１　鏡映描写器（竹井機器　ホームページより）

鏡に映った刺激を見ながら，手元の用紙に筆記していく課題である。この写真の場合には，刺激は二重線で書かれた星形であり，星形の上の頂点に筆記具を置いて，この二重線からはみ出ないように1周書いていく，という課題となる。実験によって，二重線の幅を変えたり，星形以外の刺激を使うこともある。

最近では，コンピューターを利用した実験制御も行われているが，鏡映描写実験でも可能である。興味を持った読者は，サイトを検索してほしい。例えば，星形の刺激であれば，マウスで二重線の間をたどるのだが，マウスが見た目とは逆の動きをするように制御されている。

鏡映描写は，「知覚運動学習」という研究分野において使われてきた課題である。刺激を見ながら筆記という運動を制御するという技能（スキル）がどのように獲得（学習）されるかという問題の一例になっているわけである。また，筆記を利き手で行うか非利き手で行うかという問題もあり，課題遂行の練習の転移が，利き手と非利き手の間でも生起するのかという，両側性転移を検討することもできる課題である。

心理学を学んだことのある読者は，鏡映描写実験は面接授業で取り上げられている基礎的な実験であり，知覚運動学習は古典的な研究であると判断するかもしれないが，試みに，サイトで文献検索をしてみてほしい。例えば，Google Scholar で，「知覚運動学習」を検索してみると（この原稿を執筆している2023年2月現在であるが）14,000件以上がヒットする。2019年以降に絞っても，3,000件以上がヒットする。つまり，一見古典的な研究であるように見えて，最近でも研究が行われているテーマである。また，鏡映，つまり鏡に映った物の見え方については，心理学に限らず，光学や哲学など古くからの難問として知られているとおり，現代でも決着がついていない（例えば，高野（2015）を参照のこと）。

ここから，鏡映描写実験を例にして，その研究方法やデータ収集方法について具体的に検討しておこう。

まず，鏡映描写実験は文字通り「実験」であり，実験的観察に相当する。

それでは，鏡映描写実験で自然的観察は本当に採用できないのか，あるいはもう少し広く，知覚運動学習というテーマで研究しようとする場合に，自然的観察でデータ収集が可能であるか？　読者には考えてほしいので，学習課題2として設定している。ヒントとしては，鏡を見ながら行っている行動ということで，化粧や身だしなみ，ダンスなどスポーツでの練習，ということを考えてほしい。

次に，鏡映描写実験では，研究者や実験者が第三者として参加者を観察する，つまり，客観的観察を行っていることになる。ただし，参加者も，自分の課題解決の結果は見えており，その都度何らかの感情や感想を持っているだろうし，実験後に，実験者から課題について感想を話すことを求められる，ということから，主観的観察も行っていることになる。つまり，実験中の同時的内観，実験後の追想的内観を行うことも可能であるし，実験場面を録画した映像をプレイバックしながら参加者に内観を求めたり，実際の描画結果を振り返りながら内観を求めることも可能であり，追験的内観と言えよう。これらの内観を求める際にも，質問内容・応答の仕方を決めておけば構造化面接と見なすことができるし，参加者の応答内容によってさらなる質問を重ねていけば半構造化面接と見なすことができる。もちろん質問紙を用意することもできる。

次に，鏡映描写実験を知覚運動学習の発達差を検討するために利用することは可能であるので，縦断的観察と横断的観察ともに採用することはできる。

さて，鏡映描写実験で事例研究というのはあり得るだろうか？　例えば，実験後の内観の求め方として，プレイバックによる追験的内観について述べたが，プレイバックを行うということは，実験自体に要した時間の倍以上の時間を要するが，それだけ豊富に参加者から言語報告を得ることもできる。これは，参加者にも研究者にもコストはかかるので，多数の参加者で実験を繰り返すことは困難であろう。しかし，例えば，研究目的によっては，参加者としてスポーツ選手と一般人とを比較するという必然性もあり，事例研究もあり得るであろう。

最後に，鏡映描写実験を「実験」という観点からやや詳しく検討してみよう。

実験方法の具体的な内容である，実験場面，実験日時，実験刺激，実験条件，教示，データ収集の方法や，データ分析の方法については，実験に先立ち具体的に決めて「実験計画」を作成しておく必要がある。

実験場面とは，実験器具を設置する部屋，机，参加者が座る椅子，実験者の座る椅子，これらの机と椅子の配置などのことである。実験刺激は，星型刺激を使うとしても，二重線の幅を変えることもあり得るし，星型刺激以外の刺激を使うこともある。実験条件は，例えば，利き手・非利き手の条件の割り付け，課題の繰り返し（何回課題遂行を求めるか）ということであるが，事前に決めておく必要がある。

教示は，参加者と会ってから，実験課題を説明し，事後の挨拶までを含めて，実験者が参加者に言葉で説明する内容である。実験課題の説明については，鏡映描写を「速く」遂行することを求めるか，「正確に」遂行することを求めるか，その両方である「速くかつ正確に」遂行することを求めるか，あるいは，これについては教示をせずに参加者の自由に任せるか，ということを事前に決める必要がある。

データ収集の方法についても，行動記録用のチェックリスト，時間計測用のストップウォッチ，場合によっては，実験場面の録画用のビデオレコーダなど，事前に参加者の許諾を得てからデータ収集を行うことも，実験計画書には定めておく。

さらに例えば，ストップウォッチで時間を計測すると，参加者には「速く」遂行する必要があるのだなと判断することは避けられないことも，事前に想定しておくべきことになる。

ここで，実験条件以外のことは，剰余変数となり得ることは，上で「実験計画法」で検討したとおりである。具体的には，以下のことを検討する必要がある。いずれも実験的統制である。

個体差変動については，参加者内計画か参加者間計画かを事前に決める必要がある。鏡映描写実験では，課題遂行を繰り返すので，参加者内計画にすると，練習効果や疲労効果が生じやすいだろう。参加者内計画の場合には，実験条件の順番を相殺する，無作為にするなどの個体内変動に対処することも必要となる。

参加者内計画にする場合，参加者の個体差ということで，例えば，参加者の年齢や運動能力を事前に測定しておいて，その測定値をもとにして，参加者を各実験条件に割り当てることが可能である。しかし事前に組織的配分を行うのはコストがかかるので，無作為配分することも多いが，いずれにせよ，事前に決めることが必要となる。

直接的変動について，まず，環境変数ということで，例えば，実験場面の照明を一定にする，実験時刻を一定にするなどに配慮する必要がある。これは，一定に保つということで「恒常化」と言われる。個別変数については，例えば，鏡映描写器と参加者（の眼球）との距離を一定に保つということで「恒常化」の例となる。さらに，筆記具の持ち方も個別変数であるが，統制することは困難になるだろう。

こうして，例えば，筆記具の持ち方によって，実験結果が異なってしまったとか，各条件へ無作為配分したけれど，例えば，参加者の年齢によって結果が異なってしまった，ということがあり得るが，これらは，実験が終了してから，データ分析を開始する前に確認しておくべきことになる。逆に，このような違いが得られたとしても「準実験」と見なし，次の新しい実験で厳密に確認することも可能になる。

引用文献

Barber, T. X.（1980）. 人間科学の方法：研究・実験における10のピットフォール（古崎 敬 監訳）．サイエンス社．（Original work published 1976）

増田 惟茂（1933）．実験心理学　岩波書店

増田 惟茂（1934）．心理学研究法―殊に数量的研究について　岩波書店

日本心理学会「倫理規定」
https://psych.or.jp/wp-content/uploads/2017/09/rinri_kitei.pdf

高野 陽太郎（2015）．鏡映反転―紀元前からの難問を解く　岩波書店

竹井機器　鏡映描写器
https://www.takei-si.co.jp/products/992/

山田 忠雄・倉持 保男・上野 善道・山田 明雄・井島 正博・笹原 宏之（編）（2020）．新明解国語辞典　第八版　三省堂

吉田 武（2014）．呼鈴の科学　電子工作から物理理論へ　講談社

参考文献

高野 陽太郎・岡 隆（編）（2004）．心理学研究法―心を見つめる科学のまなざし　有斐閣

三浦麻子（編著）（2020）．心理学研究法　放送大学教育振興会

学習課題

1．鏡映描写実験で，具体的に，どのようなデータを収集したらよいか考えてみよう。
2．知覚運動学習という研究テーマは，日常生活ではどのような場面に関連するか，その事例を挙げてみよう。

3 知覚心理学

森　津太子

《学習のポイント》 目，鼻，口といった感覚器官で捉えられた情報は，脳に伝えられ，そこで解釈が加えられたときにはじめて知覚となる。その意味で，知覚は，私たちが考えたり，行動したりする前に生じる，ごく初期段階の心の働きと言うことができる。知覚研究の成果を通じて，知覚という心の世界を探究する。

《キーワード》 感覚と知覚，絶対閾と弁別閾，知覚の体制化，知覚の恒常性，精神物理学

1．感覚と知覚

（1）五感と共感覚

私たちは，日々身の回りにあるさまざまな情報を取り込み，それをもとに考えたり，行動したりしている。この際，情報の入り口になるのが目，鼻，口といった感覚器官であり，感覚器官からの情報が脳に伝えられることで，私たちは「見える」「匂う」といった感覚を経験する。人間の感覚は，視覚，聴覚，嗅覚，触覚，味覚の五感に分けられるのが一般的で，このように感覚を５種類に分類したのは古代ギリシャの哲学者アリストテレスが最初だといわれている。ただし，現代の心理学では，運動感覚，平衡感覚，内臓感覚などを感覚に加えることもある。

感覚は，相互に独立しているが，まれに感覚間で混線のような状態が生じることがある。音を聞いて色を感じたり，形を見て味を感じたりす

るもので共感覚と呼ばれている。共感覚は特別な能力と思われがちだが，例えば図3-1の図形を見て，どちらが「ブーバ」で，どちらが「キキ」かと尋ねると，国や文化にかかわりなく，9割以上の人が左を「ブーバ」，右を「キキ」と名づける（ブーバ・キキ効果：Köhler, 1929; Ramachandran, 2003）。つまり，形と音とを結びつける能力は，多くの人が持っているようである。

図3-1　ブーバ・キキ効果

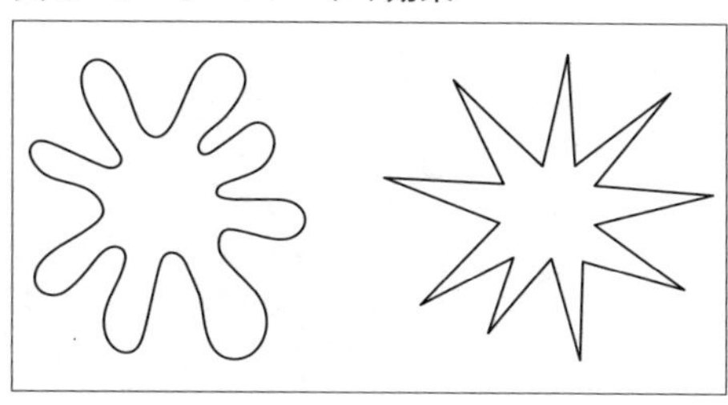

私たちは，常にさまざまな感覚を経験しながら生活をしている。ひとり静かな部屋で過ごしているつもりでも，耳をすませば，エアコンの音が聞こえてくるし，手元のカップからはコーヒーの香りがする。本を読んでいるのであれば，目から文字や絵の情報が入ってきていることだろう。もしこれらの感覚が遮断されたら，何が起こるだろうか。かつて行われた感覚遮断実験（Heron, 1957）では，五感を極力制限した状態で，実験参加者をベッドに横たわらせ，食事と排泄以外は何もせずに実験室で過ごさせた（図3-2）。すると，時間が経つにつれ，落ち着きがなくなり，思考力が低下し，幻覚や幻聴が生じるようになった。このことから，人間は常に適度な感覚刺激にさらされていなければならないことがわかる。

（2）絶対閾と弁別閾

感覚が生じるには，一定以上の強さの刺激がその感覚に入力されなければならない。感覚を生じさせるのに必要な最小の刺激量を絶対閾と言う。光，音，味，匂い，圧力などの存在が50%の確率でわかるという基

図3-2　感覚遮断実験の様子（Heron, 1957）

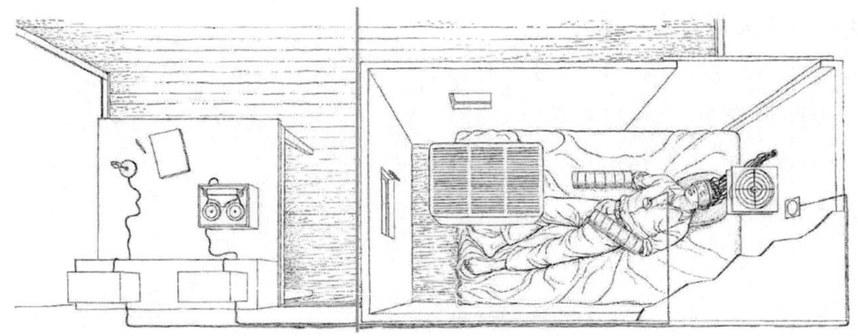

注：感覚は極力制限され，その間の脳波や発言などが記録されている。実験者とは，マイクとスピーカーでコミュニケーションをとる。

表3-1　五感が生じる絶対閾（Nolen-Hoeksema, et al., 2015）

視覚	晴れた暗い夜に30マイル（48.28キロメートル）離れたところから見たろうそくの炎
聴覚	静かな状況で20フィート（6.10メートル）離れたところにある時計の進む音
味覚	2ガロン（7.57リットル）の水の中の茶さじ1杯分の砂糖
嗅覚	6部屋に相当する容積全体に拡散した1滴の香水
触覚	1センチメートルの高さから頬に落ちてきた蝿の羽

準で決定される。

表3-1は，人間の五感の絶対閾を示したものである。いずれの感覚もかなり鋭敏であることがわかるだろう。しかし個別の感覚を取り上げたときには，人間よりも感覚の感度が勝る動物は数多くいる（第6章参照）。また絶対閾は年齢によっても変化する。人が聞き取れる周波数（1秒間の振動数）は20～20,000ヘルツとされるが，年を重ねるにつれ可聴域は狭まり，高周波が聞き取りづらくなる。そのため，モスキート音と

呼ばれる17,000ヘルツの高周波が聞こえるのは20代前半までと言われている。

感覚を評価する基準として，絶対閾と並んで重要なのが弁別閾である。これは，２つの刺激が区別できるのに必要な感覚を生じさせる最小の刺激変化量を指し，絶対閾の場合と同じく50%の確率で違いがわかる値である。丁度可知差異（ちょうどかちさい）（もしくはjust noticeable differenceを略してjnd）と呼ばれる。例えば，コンパスのようなものを使って皮膚上の離れた２点を同時に刺激すると，間隔が狭い場合には１つの点に感じられる。したがって，２箇所の触覚刺激が２つの点として，50%の確率で感じられる幅が，この場合の弁別閾である（触２点閾と呼ばれる）。

弁別閾は刺激の大きさに応じて増大する。例えば，100gと110gの重さの違いは区別できても，1,000gと1,010gの違いを区別することは難しい。２つの刺激の違いを知覚するには，一定の割合の違いが必要であり，これを，法則を発見したウェーバー（Ernst Weber：1795-1878）にちなんで，ウェーバーの法則という。刺激をS，弁別閾をΔSとすると，ウェーバーの法則は次のように表すことができる。

$$\Delta S/S = k \qquad (k\text{は定数})$$

このとき，kはウェーバー比と呼ばれる。ウェーバー比は感覚刺激の種類によって異なる。例えば重さの場合，ウェーバー比はおよそ２%である。そのため，1,000gの荷物は，1,020g程度まで重さが増えないと，違いが感知できない。

（３）感覚順応

感覚は，その刺激に接触した直後は敏感だが，同じ刺激に繰り返し接触し続けると，次第に慣れて鈍感になっていく。これを感覚順応と言う。

例えば暗い部屋に入っても，しばらくすれば目が慣れてくるし，熱いお風呂も，入っているうちに徐々に熱さが感じられなくなる。つまり感覚順応は，特定の刺激に対する感度を低めるものだが，これにより，新奇なものや有意味な変化への敏感性が増すという意味で必要な機能である。またいくら順応が進んでも，興味のある情報への感度は保たれる。例えば，騒がしいパーティー会場では，次第に周りの声が気にならなくなる一方で，目の前の話し相手の声はよく聞こえてくるようになる。また遠くで自分の名前が口にされると，突然，それが耳に入ってくる（カクテル・パーティー効果と呼ばれる）。

（4）感覚の脳内地図

感覚器官からの情報は，脳に伝達されてはじめて感覚として経験される。それがよくわかるのが，カナダの脳外科医ペンフィールドらによる実験である（Penfield & Rasmussen, 1950）。彼らは，脳の外科手術の最中に，患者の体性感覚野と呼ばれる脳の領域を電極で刺激した。すると刺激する場所に応じて，患者は身体の特定部位にチクチクとした感覚が生じたという。つまり私たちの触覚経験は，皮膚ではなく，脳で起きているのである。

ペンフィールドらは，脳を刺激する場所を少しずつ移動させて，患者にそのときに感覚を尋ねることで，脳と身体との対応関係を調べた。いわば脳内に描かれた身体感覚の地図を作成したわけである。これを図示したのが図３－３である。脳内では，身体の各部位が実際と同じ順序に並んでいるわけではないことがわかる。また身体の部位によって，脳に占める相対的な大きさに違いが見られる。唇や舌，手の指に対応する脳の領域は，胴体や足などに比べてかなり大きく，これらの部位から入力される刺激に対して感度が高いことがわかる。

図3-3　脳と身体との対応関係（ペンフィールド&ラスミュッセン，1986）

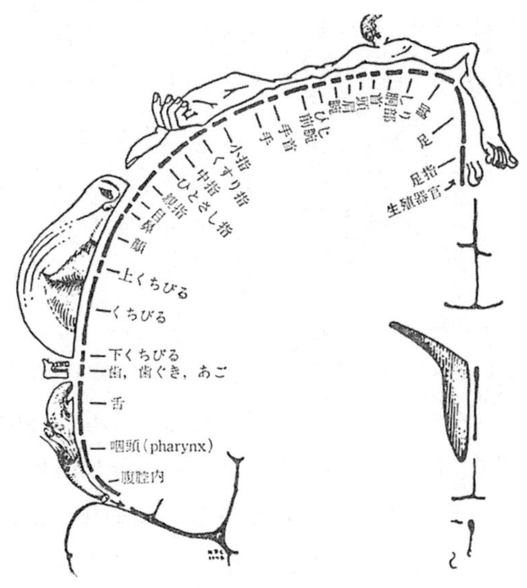

2. 心に映し出される世界

（1）感覚と知覚

次ページの図3-4を見たとき，あなたには何が見えるだろうか。これはルビンの壺と呼ばれる曖昧図形で，白色の部分に注目すると壺の形が浮き出て見え，灰色の部分に注目すると向かい合った顔が浮かび上がってくる。このとき“見えた”もの（例えば壺）を「図」と言い，その背景となっている部分（壺が見えたときの顔に相当する部分）を「地」と呼ぶ。しばらく見続けていると，「図」と「地」が入れ替わる（反転する）ように見えてくることから，反転図形とも呼ばれる。ただし，ここで注目したいのは，壺と顔の両方が同時に「図」として認識されることはないということである。どちらか一方が「図」となれば，他方は必

図3-4　ルビンの壺

ず「地」となる。また輪郭線，すなわち境界となる部分は「図」に属したものとして認識される。

もちろん私たちが普段見る世界では，このような図と地の反転は起きず，安定して，特定の対象が「図」として認識される。しかし反転図形における「図」と「地」の反転は，「見る」という行為の面白さを教えてくれる。なぜなら同じ図形が，その時々で異なる絵に見えるということは，その絵は外界ではなく，私たちの心の中にあるということだからである。つまり「見る」という行為は，視覚から得た情報をただ受動的に受け入れることではなく，その情報を主体的・能動的に解釈することなのである。これは視覚に限ったことではない。すなわち，知覚とは，感覚から入力される情報を解釈し，意味を与える心の働きと捉えることができる。

(2) 知覚の体制化

図として切り出された対象は，有意味な形態として体制化される。この際，最も単純で安定した形にまとまろうとする傾向があり，これをゲシュタルト心理学者たちは，群化の法則，もしくはプレグナンツの法則(プレグナンツとはドイツ語で簡潔性という意味）と呼んだ。具体的には，図3-5に示すように，近い距離にあるもの（近接の要因…A)，同じような特徴を持ったもの（類同の要因…B)，閉じた領域を形成するもの（閉合の要因…C)，なめらかにつながっているもの（よい連続の要因…D)，単純で規則的な形を形成するもの（よい形の要因…E）は，

図3-5　群化の法則（Wertheimer, 1923）

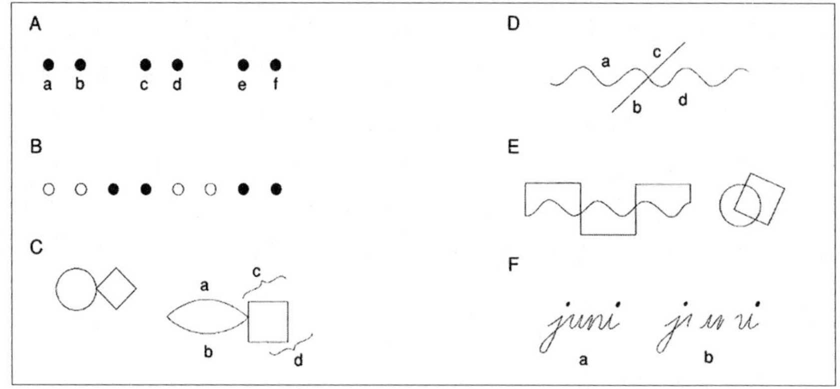

図3-6a　ミュラー・リヤー錯視　　図3-6b　エビングハウス錯視

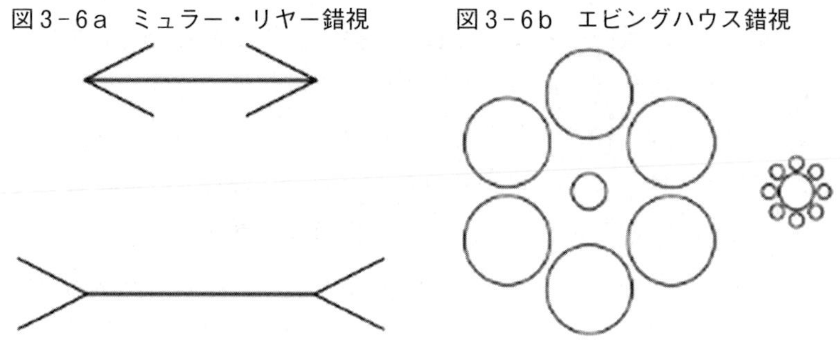

一つのまとまった形態，あるいは全体（これをドイツ語でゲシュタルトという）として知覚されやすい。

このように，私たちは感覚から入力された情報に一定のパターンを見つけようとするため，部分を要素として取り出して，それだけを認識することは難しい。図3-6aはミュラー・リヤー錯視と呼ばれる有名な錯視図形で，実際には同じ長さであるにもかかわらず，下の図形は上の図形よりも，真ん中の直線部分が長く見えてしまう。また図3-6bのエビングハウス錯視では，同じ大きさの円なのに，周辺を小さな円に囲まれているほうが（右の図形），中央の円が大きく見える。

知覚には，過去の経験や既有の知識も関与する。例えば，アルファベットの筆記体の知識がある人には，図3－5のＦの図形は文字としてのまとまりをもって知覚されるだろう。火星の岩肌の写真に顔が写っているように見えたり，トーストの焦げ目がキリスト像に見えたりするパレイドリア現象も，私たちの知覚を経験や知識が形づくっていることの証左である。

（3）知覚の恒常性

知覚には，感覚器官に与えられる物理的刺激の情報が変化しても，知覚される情報は比較的一定に保たれるという性質がある。これを知覚の恒常性と言う。例えば，ある人が遠ざかっていく様子を思い浮かべてみてほしい。その人が10メートル先にいる場合と，20メートル先にいる場合を比べると，目の網膜に映るその人物の大きさは２分の１になっているはずである。しかし私たちは，その人物の大きさが実際に２分の１になったとは感じない。このように，対象との距離などにより網膜に映る対象の大きさが変化しても，大きさに関する知覚が保たれる現象を大きさの恒常性と言う。

同様にして，テーブルに置かれた皿の形は真上から見れば円だが，着席して見た場合，網膜上に映る皿の形は楕円になっている。しかしその皿の形は，変わらず円として知覚され，楕円になったとは感じない。このように，見る角度によって網膜像が変化しても，知覚される形は歪まないことを形の恒常性と言う。さらに，灰色の紙を室内で見た場合と直射日光の下で見た場合では，反射する光の量が異なっているにもかかわらず，同じ明るさの色に感じられる。これは明るさの恒常性（または色の恒常性）である。このような知覚の恒常性があることで，対象から得られる客観的，物理的な情報が変化しても，主観的には，対象がほぼ同じように知覚される。こうして私たちは，外界を安定した世界としてとらえることができるのである。

3. 精神物理学

（1）心の内外の世界の関係を探る

このように感覚や知覚は，私たちの心の世界で起きていることであり，外界をそのまま反映したものではない。それでは，心の世界（内的世界）と外界（外的世界）との関係は一体どうなっているのだろうか。

この難問に取り組んだのがフェヒナー（Gustav Fechner：1801-1887）である。彼は，刺激の物理的な特性と，その刺激によって生じる主観的経験（感覚，知覚）との関係を数値や数式で表すことで問題解決の糸口を探ろうとした。その際，物理学的手法をモデルとしたことから，彼の提唱した学問は精神物理学（psychophysics，心理物理学と訳されることもある）と呼ばれている。

彼の功績として最もよく知られるのは，フェヒナーの法則である（すでに紹介したウェーバーの法則を土台としていることから，ウェーバー・フェヒナーの法則と呼ばれることもある）。ウェーバーの法則が刺激間の関係を示したものであったのに対し，フェヒナーは主観的経験である感覚を式に含め，感覚量 R は刺激強度 S の対数に比例して変化するという次のような法則を示した。

$$R = k \log S \quad (k \text{ は定数})$$

この式が示すように，通常，私たちが主観的に経験する感覚は，刺激強度が大きくなるほど，鈍感になっていく。例えば，音の大きさが２倍になるととても大きくなったと感じられるが，そこから３倍，４倍と変化させても，最初に２倍になったときほどには大きくなったようには感じられない。このように，フェヒナーの法則は私たちが日常生活で経験する感覚に近いものである。しかし，感覚量を客観的に測定することはできないため，フェヒナーの法則を実験的に検証することは事実上，不可能である。この意味でフェヒナーの法則は，仮説といったほうが実態に近く，こうした問題を克服するため，後年，スティーブンス（Stevens, 1957）はマグニチュード推定法と呼ばれる方法を提案している。これは，基準となる刺激を用意し，例えば，ある明るさを10としたとき，別に提示する明るさがどれくらいかを参加者に数値で答えさせるという方法である。

ところでフェヒナーは，精神物理学を外的精神物理学と内的精神物理学の２つに分けている。ここで紹介したのは，彼が外的精神物理学と呼ぶもので，身体の外側の世界と心の働きとの対応関係を，物理学の方法論を利用して探求するものだった。しかし，彼が究極的に目指していたのは，身体の内側の世界における生理的な過程と心の働きとの対応関係を探求するというもので，フェヒナーは，その研究のためには，神経系の生理学的，解剖学的知識が必要だと主張している。当時は，生理的指標を測定する技術も限られており，叶わぬ夢であったが，彼のこのような考えは，第５章で紹介する生理心理学の前身と捉えることができる。

（２）心理測定法

フェヒナーが生前に思い描いた夢は叶えられなかったが，フェヒナーが考案した精神物理学的手法は，その後，心理学が実証科学としての歩みを進めるうえで，きわめて大きな役割を果たした。彼は，ヴントが実験室を開室する1879年より前（1860年）に，すでに精神物理学的手法をまとめた『精神物理学要綱』を著しており，この事実から，1860年を現代心理学の誕生年として挙げる心理学者もいる。実際，フェヒナーの功績は，現在の心理学にも見てとることができる。なかでも心理測定法は，当時の基本原理を残したまま，今日でも，知覚心理学の研究に広く利用されている。心理学の実験演習などで利用されることも多いので，代表的なものを以下に紹介しておこう。

調整法

実験参加者自らが刺激の量を連続的に調整していく方法である。例えば，２つの刺激を提示し，一方を標準刺激としたときに，他方（比較刺激もしくは変化刺激と言う）をできるだけ標準刺激に近づけるよう，大きさ，長さ，明るさなどを調整していく。そして主観的に同じと知覚される点（主観的等価点（point of subjective equality, PSE）と言う）を探していくという手法である（刺激を変化させていく作業を実験者が行い，参加者は主観的等価点に到達した時点で，何らかの合図をする場合もある）。テレビの音量をちょうどよい大きさに調整していくようなやり方をイメージすればよい。

極限法

この方法では，実験者が，刺激量の小さいものから大きいものへ（上昇系列），もしくは大きいものから小さいものへ（下降系列）と順に刺激を変化させ，参加者に応答を求める。視力検査は，極限法の典型例であり，大きな文字が読めると，順に少しずつ小さな文字に進み，検査を受ける者が読める文字の大きさの限界を探っていく。

恒常法

実験者が刺激を変化させるという点では極限法と似ているが，恒常法では，刺激量を上昇，下降といった一方向に変化させるのではなく，実験者がさまざまな刺激量の刺激をランダムに提示する。

上記の3つの方法にはそれぞれ長所と短所がある。例えば，調整法は実施が容易で，短時間で終えられる効率のよい方法である。しかし参加者の予想や期待によって結果が左右されやすく，絶対閾や弁別閾などの刺激閾の測定に向かないという短所がある。また極限法は，刺激閾の測定に適しているが，刺激を変化させる方向が単一なため，調整法と同様に参加者が予見しやすく，調整法に比べて実施時間がかかる点も短所である。参加者が最も予見できないのが恒常法で，これも刺激閾の測定に利用できるが，参加者の回答のばらつきを最小限に留めるためには，1つの刺激を繰り返し提示する必要がある。そのため極限法以上に時間がかかり，効率が悪い。またそれにより，疲労の影響や練習の効果が生じることも短所として挙げられる。実験で心理測定法を用いる場合には，こうした長所・短所を踏まえたうえで，最も適した方法を用いることが求められる。

引用文献

Heron, W. (1957). The pathology of boredom. *Scientific American*, 196, 52–56.

Köhler, W (1929). *Gestalt psychology*. New York: Liveright.

Nolen-Hoeksema, S., Fredrickson, B., Loftus, G. R., & Lutz, C. (2014). *Atkinson & Hilgard's introduction to psychology*. (ノーレン・ホークセマ, S., フレデリックソン, B., ロフタス, J., & ルッツ, C. 内田一成（監訳）(2015). ヒルガードの心理学第16版 金剛出版)

Penfield, W. & Rasmussen, T. (1950). *The cerebral cortex of man*. New York: Macmillan. (ペンフィールド, W. & ラスミュッセン, T. 岩本隆茂. 中原淳一. 西星静彦（訳）(1986). 脳の機能と行動　福村出版)

Ramachandran, V. (2003). *The emerging mind: The BBC Reith lectures 2003*. Profile Books Ltd. (ラマチャンドラン, V. 山下篤子（訳）(2005). 脳のなかの幽霊, ふたたび —見えてきた心のしくみ 角川書店)

Stevens, S. S. (1957). On the psychophysical law. *Psychological Review*, 64, 153–181.

参考文献

一川 誠 (2012). 錯覚学—知覚の謎を解く 集英社新書

伊藤亜紗 (2015). 目の見えない人は世界をどう見ているのか 光文社新書

菊池 聡（編著）(2020). 錯覚の科学 放送大学教育振興会

石口 彰（編著）(2023). 知覚・認知心理学 放送大学教育振興会

学習課題

1．あなたは今この瞬間にどんな感覚を知覚しているだろうか。五感を研ぎ澄まして感じてみよう。
2．図3-6abに示したような錯視は幾何学的錯視と呼ばれ，このほかにも有名なものが数多くある。また，新たな錯視図形も次々と創作され，インターネット上で公開されているので，検索して，自分の視覚で確認してみよう。
3．経験や知識が知覚を形づくっていることがよくわかる例を経験してみよう。下の図は，あるものの写真をわざとぼかしたものだが，何が写っているかわかるだろうか。最初は，黒い斑点がただランダムに描かれているようにしか見えないかもしれない。しかし一度，何の写真かがわかると，その対象が浮かび上がってきて，立体的にすら見えてくる。またかなり時間が経過した後に再び見たとしても，もう同じものにしか見えなくなってしまう（答えは257ページの脚注に記載）。

図3-7　何に見える？
(Ramachandran, 2003)

4 学習心理学

進藤聡彦

《学習のポイント》 「受験に備えて学習時間を増やした」とか，「フランス語を独力で学習した」というように，学習という言葉は日常的には勉強とほぼ同義に使われることが多い。しかし，心理学では「子どものころには苦手だった納豆をおいしいと感じられるようになった」，「ある本を読んでから，価値観が変わった」といったことも学習と言う。では，心理学で言う学習とは何だろう。この章では，この問題について考えるとともに，学習が成立するメカニズムや学習に関連する認知研究の一端に触れていく。
《キーワード》 古典的条件づけ，道具的条件づけ，観察学習，洞察学習，認知心理学

1. 学習とは何か

納豆がおいしく感じられるようになったり，価値観が変わったりしたことが「学習」と言うなら，心理学で言う「学習」という言葉は，日常で使っているものとはだいぶ違っているようだと感じた人も少なくなかっただろう。心理学で言う学習は，より広い意味を持ち，「経験によって生じる一時的ではない心理的機能に関わる行動の変化」などと定義される。さらに，この場合の行動とは，「何度か練習したら自転車に乗れるようになった」といった外から見えるものだけでなく，知識の増加や価値観の変化のような，外からは観察できないものも含まれる。

学習をこのように捉えて，毎日の生活を振り返ってみると，私たちは実にさまざまなことを学習したことがわかる。「言葉の使用」などは言

うまでもなく，例えば「他の人とのつき合い方」や「美醜の感じ方」など，挙げていけば切りがない。

一方，学習によって獲得した行動ではないものもある。「目の前に突然物体が近づいてきたときに目をつむる」といった反応や，「男性が思春期になって髭が生えるようになる」というような身体上の変化は，それぞれ生まれつき備わっていたり，成熟のプログラムによって自然に発現したりするものであり，経験を通してのものではないため学習とは言わない。また，「飲酒によって陽気になる」といった変化も，一時的なものなので学習ではないし，「トレーニングを積んで筋肉隆々の身体になった」というのは，心理的機能に関わるものではないため学習ではない。

ここまで述べてきた学習とは何かという問題を踏まえて，以下では学習がどのようなメカニズムによって成立するのかについて考えていく。

2. 2つの条件づけ

(1) 古典的条件づけ

「ウメボシ」とか「レモン」と聞いただけで唾液が出た経験に思い当たる人も多いだろう。ウメボシを口の中に入れるとその酸味に対して唾液が出てくるのは生まれつき備わった自然なことであるが，「ウメボシ」という言葉を聞いただけで唾液が出てくるのはなぜだろう。また，小さな子どもたちが，医者の白衣を見ただけで泣き出すことがある。どうして子どもたちは白衣を見ただけなのに泣き出してしまうのだろう。こうした疑問に答えてくれるのが，古典的条件づけと呼ばれる学習様式である。

ロシアのパブロフは，イヌにエサを与えるたびにメトロノームをならした。するとイヌはメトロノームの音を聞いただけで，唾液を分泌するようになった（Pavlov, 1927）。つまり，本来その反応（この場合，唾液の分泌）を引き起こすはずのない中性刺激（メトロノームの音）に対して反応が生じたのである。これが古典的条件づけによる学習である。古典的条件づけによる学習が成立するポイントは，本来その反応を引き起こす刺激（パブロフの実験ではエサ）と反応を引き起こすはずのない刺激（メトロノームの音）を繰り返して同時に呈示することである。

パブロフの実験では，エサという刺激によって，唾液の分泌という生まれつき備わった反応が自動的に生じる。この関係では，エサを無条件刺激，唾液の分泌を無条件反応（パブロフは無条件反射と呼んだ）という。しかし，新たに形成されたメトロノームの音と唾液分泌という反応との間の関係は，何度かメトロノームの音と一緒にエサが与えられる条件の下でのみ成立するので，この関係においては，メトロノームの音は条件刺激，唾液分泌は条件反応（同，条件反射）となる（図４－１参照）。

図４－１　古典的条件づけの過程

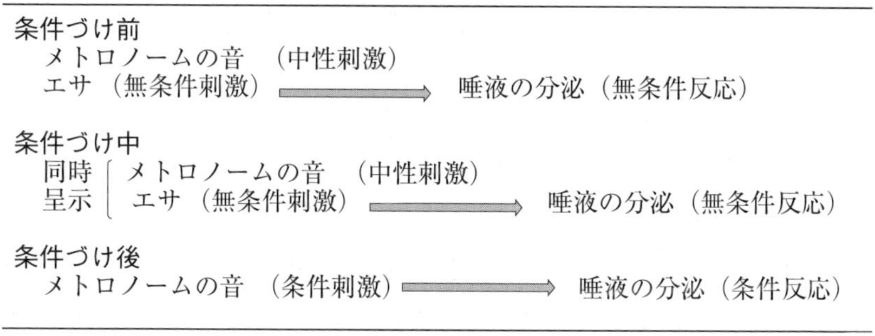

条件づけ前
　メトロノームの音　（中性刺激）
　エサ（無条件刺激）→　唾液の分泌（無条件反応）

条件づけ中
　同時呈示　メトロノームの音　（中性刺激）
　　　　　　エサ（無条件刺激）→　唾液の分泌（無条件反応）

条件づけ後
　メトロノームの音　（条件刺激）→　唾液の分泌（条件反応）

先の「ウメボシ」という言葉を聞いただけで唾液が出てくるのは，この古典的条件づけによる。また，白衣の医者に何度か注射をされた経験によって，白衣と注射の痛みとが結びついたために，小さな子どもたちは白衣を見るだけで泣き出してしまうようになるのである。よって，これも古典的条件づけによる学習と言える。

ところで，古典的条件づけによって，いったん条件反応が引き起こされるようになっても，無条件刺激を対にせず，条件刺激のみを呈示し続けると，やがて条件刺激を呈示しても条件反応は起こらなくなる。この手続きや現象を「消去」と言う。先のパブロフのイヌの例でいうと，メトロノームの音だけで唾液を分泌するようになっても，同時にエサを与えないでいると，やがてメトロノームの音だけでは唾液を分泌しなくなる。

あるメトロノームの音で唾液を分泌するように条件づけられたイヌが，同様にカチカチと音のする時計でも唾液を分泌したとしよう。この場合，メトロノームの音が時計の音と同様の効果を持ったことになる。このように類似した条件刺激に対しても条件反応が起こる現象あるいは起こす手続きを「般化」と言う。

逆に先の例でメトロノームの音に条件づけられて唾液を分泌したイヌが，時計のカチカチという音では唾液を分泌しなかったとしよう。この場合，イヌは２つの刺激を区別したことになる。こうした現象や手続きを「弁別」と言う。

（２）道具的条件づけ

飼い主の「おすわり」，「お手」といった声がけどおりに座ったり，前足を出したりできるイヌに感心することがある。このような行動はどのように形成されていくのだろうか。スキナー（Skinner, 1938）は，レバーを押すとエサが出てくる装置のついたスキナー箱と呼ばれる箱（図４-２）にネズミを入れ，その様子を観察した。

図4－2　スキナー箱の略図

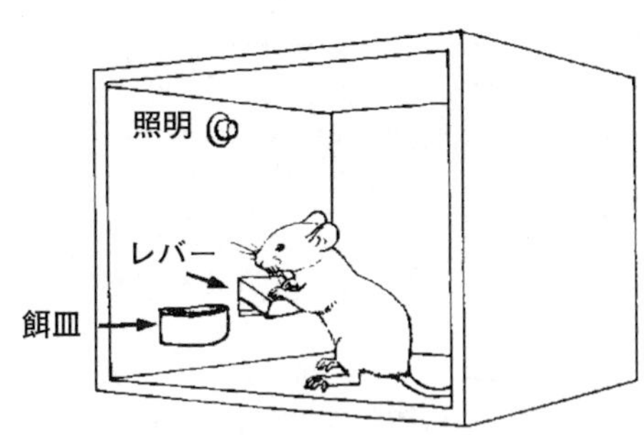

最初，ネズミは箱の中をうろうろと歩き回るだけであったが，偶然レバーを押したときにエサを手に入れることができた。こうした経験を重ねるうちに，レバーを押して，エサを得るまでの時間が徐々に短くなっていき，最終的にはエサが欲しいときにはレバーを押せるようになった。ネズミはレバー押しを学習することでエサを手に入れられるようになったのである。

一方，スキナー箱の床から嫌悪刺激の電気が流れるようにしておき，レバーを押すと電気が止まるようにしても，ネズミがレバーを押すまでの時間は徐々に短くなり，レバーを押して電気刺激を避けることを覚えるようになる。エサを得る場合と電気刺激を避ける場合のいずれでも，レバーを押すという反応（行動）が増加する点では共通している。レバー押しのような自発的反応にエサや電流といった報酬や嫌悪刺激を随伴させ，反応頻度を高める手続や働きを「強化」と言う。そして，レバーを押してエサが与えられる場合のように，反応に伴って報酬が与えられることで，その反応が増加することを「正の強化」と言い，反応に伴って嫌悪刺激が除去されることで，反応が増加することを「負の強化」と言う。また，報酬（上記の例ではエサ）を「正の強化子」，後者の嫌悪刺激（同，電気刺激）を「負の強化子」と言う。こうした強化によって，自発的な反応の頻度が変化することが道具的条件づけである（図4－3参照）。

強化によって行動の生起頻度を増加させるのとは逆に，すでに獲得し

図4－3　道具的条件づけの過程

条件づけ前
レバー（刺激）━━ × ━━▶「押す」という行動（反応）

条件づけ中
反復 ｛ レバー（刺激）━━▶「押す」という行動（反応）＋エサ（強化子）

条件づけ後
レバー（刺激）━━━━▶「押す」という行動（反応）

ている行動を消失させることもできる。その1つは，先の負の強化の手続きとは逆に，レバーを押したときに電気刺激が流れるようにする方法である。そうすることで，ネズミは数ある行動のレパートリーの中から，レバーを押すという行動はしなくなる。こうした手続きや働きを「罰」または「弱化」と言う。また，レバーを押してもエサが出ないようにすると，レバーを押さなくなる。この手続きや働きを「消去」と言う。

古典的条件づけと道具的条件づけとの違いはいくつかある。例えば，前者は自発的な行動を伴わないのに対して，後者では自発的行動によって学習が成立する点である。

道具的条件づけによって，意図的に行動を形成することもできる。このことについて人が計画的に，スキナー箱のネズミがレバーを押し，エサを取ることができるようにする場合で考えてみる。

最初にネズミがレバーの付近に来たらエサを与える。これを何度か繰り返すと，レバーの付近に近づく頻度が増す。次に，レバーに触れたときだけ，エサを与えるようにする。これも何度か繰り返すと，盛んにレバーに触れるようになる。今度は，レバーに触れただけではエサは与えず，レバーを押したときだけ給餌皿からエサが出るようにする。こうすれば，レバーを押してエサを取るという目標の行動を獲得させられる。

さらに複雑な行動の形成も可能になる。スキナーは，ひもを引いてラックからおはじきを取り出し，それをチューブの中に入れれば，ペレット状のエサが出てくる装置がついた箱を用意し，その中にプリニーと名づけられたネズミを入れた。プリニーがエサを得るまでには，ひもを引く，おはじきを前足で運ぶ，それをチューブの口に入れるといった行動の連鎖が必要になるが，そのそれぞれを継時的に強化することで，最終的にはプリニーにこの一連の行動を獲得させるまでに至った(Skinner, 1938)。これは，人が財布からコインを取り出し，それを自動販売機に入れて飲み物を手に入れる過程と現象的には類似しており，道具的条件づけを巧みに組み合わせることで，ネズミでもこうした複雑な行動の獲得が可能になる。道具的条件づけによって，目標とする行動を学習させる技法を「行動形成（シェイピング）」と言う。

以上に古典的条件づけと道具的条件づけという2つの学習様式について述べてきたが，前者を「レスポンデント条件づけ」，後者を「オペラント条件づけ」と言うこともある。

3. その他の学習様式

（1）観察学習

幼稚園でままごと遊びをしている子どもたちの様子を観察していると，母親役の子どもが父親役の子どもに向かって，自分の母親そのままとおぼしききつい口調で「パパ，グズグズしないで早くご飯を食べて！」とか，子ども役に向かって，「〜ちゃん，ちゃんと片づけないとダメじゃないの！」とか言ったりしている。また，男の子がテレビのヒーローの物まねをしたり，女の子がヒロインのように振る舞ったりすることもある。こうした現象は，子どもたちが日常生活の中で他の人やテレビのアニメのキャラクターを観察することで，その行動を見本として，当該の行動を身につけることを示している。

この種の学習について，バンデューラらは，子どもが暴力行為を観察することの影響を調べる実験を行っている（Bandura, et al., 1963）。その際の観察方法として３つが設定された。第１の方法は人が人形を殴ったり，蹴ったりする様子を直接観る，第２にその様子をビデオで観る，第３は乱暴なネコが人形を殴ったり，蹴ったりするアニメを観るというものであった。そして観察直後に，お気に入りのオモチャを取り上げるとどう振る舞うかを，暴力行為を観察しなかった子どもたちと比較した。

その結果，３つの方法で暴力行為を観察したいずれの子どもたちでも，観察しなかった子どもたちに比べて，攻撃的になることがわかった。バンデューラらの実験結果は，他の人の行為を直接，間接を問わず観察することで，それがモデルとなってその行為を学習する可能性があることを示唆している。こうした過程を経た学習を観察学習と言う。

古典的条件づけや道具的条件づけとは異なり，観察学習では学習が成立するために直接的な強化は必ずしも必要としないが，行為の結果に対してモデルに与えられる強化が重要になることがある。モデルに与えられる強化が，観察者への間接的な強化になって，行動が学習されるからである。これを「代理強化」と言う。例えば，ある子どもがよいことをして先生に褒められている他の子どもを観て，同様なことをするようになることがある。この場合，その子どもにとって，他の子どもが褒められたことが間接的な報酬になると考えるのである。逆に，他の子どもが叱られるのを観て，そのような行動をしなくなることも観察学習である。

また，学習の成立までに何度も試行する必要がないことも，観察学習が古典的条件づけや道具的条件づけと異なる点である。

なお，観察学習は他者との相互作用の中で起こるので，社会的学習と言うこともある。また，先の子どものままごと遊びのように，モデルの行動と同じ行動を単純に取り入れることを模倣と言い，代理強化の例で見たようにある状況でのモデルの行動とその結果についての因果関係を学習することを限定的に観察学習と言うこともある。

（2）洞察学習

人に次いで頭のいい動物といったら何を思い浮かべるだろうか。おそらく多くの人がチンパンジーを挙げるのではないだろうか。ケーラーは，チンパンジーが手を伸ばしたり，ジャンプをしたりしただけでは届かない高さにバナナを吊り下げた。そして，バナナをどのように手に入れるかを観察した。すると，数頭のチンパンジーのうちの1頭は，ひらめいたように近くに置いてある箱を持って来て，箱の上から跳び上がってバナナを手に入れたという（Köhler, 1917）。そこでのチンパンジーの箱を使うという行動は試行錯誤的なものではなく，バナナを手に入れるという目標に向け，置かれた状況でそれを達成するための方法に関する明確な予測（いわば仮説）の下で行われたものであったと考えることができる。こうした見通しによる学習を洞察学習と言う。

ところで，学習が成立するメカニズムの考え方には，大別して「連合理論」と「認知理論」の2つがある。連合理論では特定の刺激に特定の反応が結びつくことが学習だと考える。古典的条件づけでは，メトロノームの音（刺激S）と唾液の分泌（反応R）とが結びつくことが学習であり，道具的条件づけではレバー（刺激S）と，それを押すこと（反応R）との結びつきが学習だと考える。その結びつきには試行が繰り返されることが必要で，最終的な学習の成立までの過程は漸進的である。そして，条件づけによって形成される刺激と反応の連合（結びつき）が，学習の基本単位であり，高度で複雑な人の学習もこの基本単位の組み合わせだと考える。

これに対して認知理論では，経験に基づき，問題の全体構造を把握したり，問題解決の方法を発見したりすること，つまり認知活動が学習の本質だと考える。また，試行の繰り返しは必要とせず，学習は一瞬のひらめきによって一挙に成立すると考える（森，2013）。

先の限定的な意味での観察学習が成立するためには，観察した行動の持つ意味を考え，それが望ましいか否かといった価値づけをするなどの認知的な過程が想定できる。この点で，観察学習は認知理論の色彩も持つ。また，洞察学習では予測をして（仮説を立てて），それが適切であれば，1回の試行でも目標となる行動を獲得する。この場合の予測とは，認知的な働きであり，洞察学習は認知理論に沿ったものと言える。

4. 認知心理学への展開

道具的条件づけにおいて，スキナー箱に入れられた何匹かのネズミを観察すると，レバーを押してエサを手に入れるまでにかかる時間には差がある。また，洞察学習でもすぐに踏み台の箱を使ってバナナを取ることができるチンパンジーとそうでないものがいる。このような個体差を説明するためには，それぞれの個体の頭の中の働きの違いを想定する必要がある。つまり，個体によってどのような情報処理が行われるかに違いがあると考えられる。

こうした思考や記憶などの認知機能について，そのメカニズムを解明しようとするのが1960年代後半から盛んになった認知心理学である。認知心理学は，認知理論を継承するものと考えることもできるが，その興隆にはコンピューターの影響も大きい。コンピューターは情報を入力し，結果を出力するためにプログラムに基づく情報処理が重要な働きをしている。これを人に当てはめると，刺激（入力）と行動（出力）の間を媒介する頭の中の働き，すなわち刺激に対する情報処理の過程（認知過程）が行動に大きな役割を果たしていることになる。こうした背景を持ち，認知心理学では認知過程に着目する。

ところで，先の洞察学習で取り上げたチンパンジーのバナナの獲得は，直面する問題を解決した状況と見なすことができる。認知心理学でも問題解決は重要なトピックの1つになっている。例えば，既有の知識が新たな問題解決にどう適用されるかといった問題は，類推（アナロジー）の研究として取り上げられている。

ジックとホリオークは表4-1の放射線問題を大学生に出題した。この問題の解決策は，いろいろな方向から微量の放射線を同時に腫瘍部分に当てるというものであるが（分割集中，図4-4参照），大学生の正答率は10%ほどに留まった。また，解決法が分割集中という点で共通していて，ヒントになるはずの要塞物語を読んだ後でも正答率は大きく増加することはなかった。多くの者が要塞物語で得たはずの知識を放射線問題に使えなかったのである（Gick & Holyoak, 1980）。類推研究では，解決すべき問題を「ターゲット」，ターゲットに使いうる既有の知識を「ベース」と言い，ベースをターゲットに当てはめることを「写像」と言う。そして，類推による問題解決が成功するためには，ベースをターゲットに写像できることが必要だと考えることがある。上記の例では，多くの者がターゲットの放射線問題にベースの要塞物語をうまく写像できなかったということになる。

ジックとホリオークは類推を促進する条件についても探っている

表4－1　類推研究で使われた実験材料の概略（Gick & Holyoak, 1980; 1983から作表）

放射線問題 ある患者の胃を腫瘍がむしばんでいる。腫瘍を破壊するためには，強力な放射線が利用できるが，これを照射すると患部に達する途中で他の正常な組織も破壊してしまう。弱い放射線では，他の組織への害はないが患部を破壊できない。よい方法を考えよ。
要塞物語 ある国の将軍は敵国の中央部にある要塞を破壊しようとしている。要塞は堅固であるため，大群で攻めないと攻略することができない。ところが，要塞に通じるいくつかの経路にはいずれも地雷が敷設してあり，大群で通ろうとすると爆発してしまう。そこで将軍は軍隊を幾つかに分割し，複数の経路から侵入して要塞を攻め落とした。
消防士物語 中東の国のガス油田が引火して爆発し，毎日大量の油が燃える灼熱の地獄となった。初期消火が失敗したため，レッド・アダイールという有名な消防士が呼び寄せられた。鎮火させるためには大量の消火剤を一気に振りかける必要があったが，それに必要な太い消火ホースがなかった。そこでレッドは，火元の周りに細いホースを持った部下たちを配置し，全ての方向から火元に向けて一気に消火剤を放出させた。火炎は消え，レッドは報酬を受け取った。

図4－4「分割集中」のイメージ

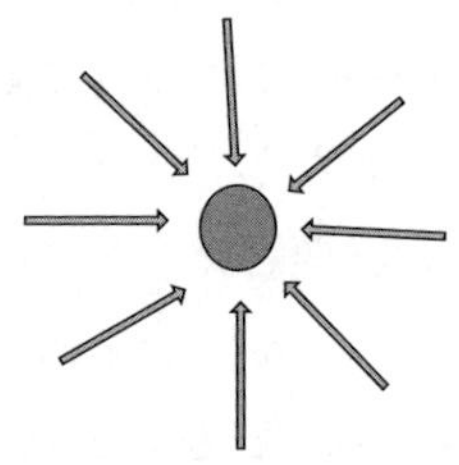

(Gick & Holyoak, 1983)。事前に要塞物語だけでなく，消防士物語のような別の分割集中の文章も読んでおくことで，元の放射線問題の解決の正答率は大きく上昇した。この結果は，複数の文章の共通部分から分割集中という問題解決の鍵が抽出されたためと考えられる。

つまり，類推による問題解決に成功するためには，個々の情報から個別性を越えて，解決の鍵となる「分割集中」という抽象化された知識を抽出する必要があることがわかる。

ここでは，認知心理学の研究の例として類推を取り上げた。この例のように，人の情報処理のメカニズムを明らかにしようとするのが認知心理学であり，学習に関して思考，記憶，知覚といった外からは見えない認知の働きや，外から見える行動を支えるものとしての認知の働きを解明している。

引用文献

Bandura, A., & Ross, D., & Ross, S. A. (1963). Imitation of film-mediated aggressive models. *Journal of Abnormal and Social Psychology*, 66, 3-11.

Gick, M. L., & Holyoak, K. J. (1980). Analogical problem solving. *Cognitive Psychology*, 12, 306-355.

Gick, M. L., & Holyoak, K. J. (1983). Schema induction and analogical transfer. *Cognitive Psychology*, 15, 1-38.

Köhler, W. (1917). *Intelligenzprüfungen an Menschenaffen*. Berlin: Pringer Verlag. (ケーラー W. 宮 孝一 (訳) (1962). 類人猿の知恵試験 岩波書店)

森 敏昭 (2013). 教授学習 藤永 保 (監) 最新心理学事典 平凡社 pp.124-125.

Pavlov, I. P. (1927). *Conditioned reflexes: An investigation of the physiological activity of the cerebral cortex*. Oxford: Oxford University Press. (パブロフ I. P. 川村 浩 (訳) (1975). 大脳半球の働きについて―条件反射学― 上・下 岩波書店)

Skinner, B. F. (1938). The behavior of organisms: An experimental analysis. NY: Appleton-Century-Crofts.

参考文献

実森正子・中島定彦（2019）．学習の心理―行動のメカニズムを探る―（第2版）サイエンス社
西林克彦（1994）．間違いだらけの学習論―なぜ勉強が身につかないか― 新曜社
高橋秀明（2021）．学習・言語心理学　放送大学教育振興会

学習課題

1．あなたの日常生活で，古典的条件づけ，道具的条件づけによって学習したと説明できる行動をそれぞれ1つずつ挙げ，なぜそれが古典的条件づけ，道具的条件づけのメカニズムで説明できるのかについて考察してみよう。
2．あなたが，観察学習によって身につけたと思う行動を挙げ，それが誰のどのような行動の観察によるのかについて考察してみよう。
3．あなたの身近な何人かに放射線問題を出題してみよう。そして，正答が得られなかった人には，要塞物語をヒントとして出してみよう。それでもできない人には，消防士物語をヒントとして呈示し，正答に至るようになるか確かめてみよう。

5 生理心理学

森　津太子

《学習のポイント》 心理学は，哲学と生理学をつなぐ学問だという見方がある。心の中枢とされる脳への関心は，現代心理学が誕生した当初より高く，さまざまな研究が行われてきた。脳を中心とする中枢神経系の基本的な仕組みと働きを解説しながら，心と脳との関係を探っていく。
《キーワード》 神経細胞（ニューロン），脳，側性化（ラテラリティ），機能局在論，fMRI

1．心と脳の関係

（1）生理心理学とは

生理心理学は，人間の行動の背景にある心のしくみや働きを生理学的な手法によって解明しようとする心理学の分野である。心の生物学的な基盤を探求することを目的としており，主たる関心は脳を中心とする中枢神経系にある。このような考え方は紀元前まで遡ることができ，医学の祖ヒポクラテス（Hippocrates; B.C.459–370）は心の座が脳にあるとし，ギリシャの哲学者プラトン（Platon; B.C.427–347）も，心を脳と脊髄に由来するとしている[1)]。心理学においては，アメリカ心理学の父と呼ばれるジェームズ（William James：1842–1910）が，心を知るには神経学の知識が不可欠だと，著書『心理学原理』（James, 1890）の中で説いている。『心理学原理』は，現代もなお，心理学のテキストとして読み継がれているジェームズの代表的な著作の一つであり，脳の構造や機能の

1）しかしその後，プラトンの弟子であるアリストテレス（Aristoteles; B.C.384–322）が心の座を心臓に求め，中世まではその考えが主流となった。

解説に多くのページが割かれている。

だが現実的な問題として，ごく最近までは，生きている人間の脳を自然な状態で調べることは容易でなかった。そのため，初期の生理心理学的研究では，他の動物の脳を調べ，そこで得られた知見から人間の脳の機能を類推するという研究が主流であった。例えば，動物の脳を電気的に刺激したり，一部を破壊したり，あるいは薬物を投与したりするなどして，反応の変化を記録することで，そのメカニズムを探ったのである。なお，第３章で紹介したペンフィールドらの研究は，人間の脳を直接，刺激するものだったが，これは極めて例外的なものである。

動物の脳を対象とした研究は，人間と他の動物との間には進化的な連続性があるという仮定のもとで行われてきた（第６章参照）。しかし人間の脳は，大脳皮質と呼ばれる大脳の外縁部分が著しく発達しているなど，他の動物の脳とは構造的な違いもある。人間に特有と考えられる高次の認知機能を解明するには，やはり人間の脳を対象とした研究が必要である。こうしたことから，近年は後述する測定技術の進歩も相まって，人間の脳を対象とした研究が主流となっている。

（２）神経系の構造と機能

生理心理学の研究の説明に入る前に，まずは，神経系の構造と機能について基本的な知識を押さえておこう。神経系は，中枢神経系と末梢神経系に大別され，それぞれ中枢神経系は脳と脊髄，末梢神経系は体性神経系と自律神経系から構成される。

このうち，心理学が最も関心を寄せるのは脳で，脳幹，間脳，小脳，大脳といった部位に分けて捉えられる（図５−１）。脳幹は，中脳，延髄，橋を含む部位である。反射や呼吸といった生命に関わる重要な機能を担っており，この部分を損傷すると動物は生命を維持することができな

図5-1　脳の主要な構造

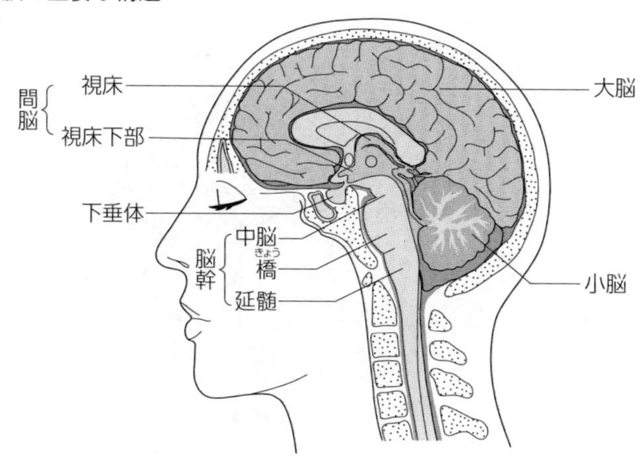

い。間脳は，視床と視床下部などからなり，広義には，脳幹に含められる。このうち視床は，末梢神経から大脳へ，また大脳から末梢神経へ感覚情報を伝える際の中継地点となっている。視床下部は，自律神経系の調整のほか，生存や生殖に関わる本能的な行動に関与する。小脳は運動や姿勢の制御に関わっており，平衡感覚，筋肉の緊張，協応運動などに役割を果たしている。

大脳には2つの層があり，内側の領域である大脳辺縁系には，情動にかかわる扁桃体や，記憶に関わる海馬などがある。一方，人間の脳に特徴的なのは，大脳の外側の領域である大脳皮質，特に大脳新皮質と呼ばれる領域が大きく発達していることである。多くの皺が入っているため，それを広げると，頭蓋骨内側の表面積の3倍ほどにもなる。大脳皮質にはいくつかの溝があり，そのなかでも特に深い中心溝（ローランド溝）と外側溝（がいそく）（シルヴィウス溝）を境に，前頭葉，頭頂葉，後頭葉，側頭葉に分けられる（図5-2）。また後述する機能局在の考えに基づき，機能

図５－２　大脳皮質の構造

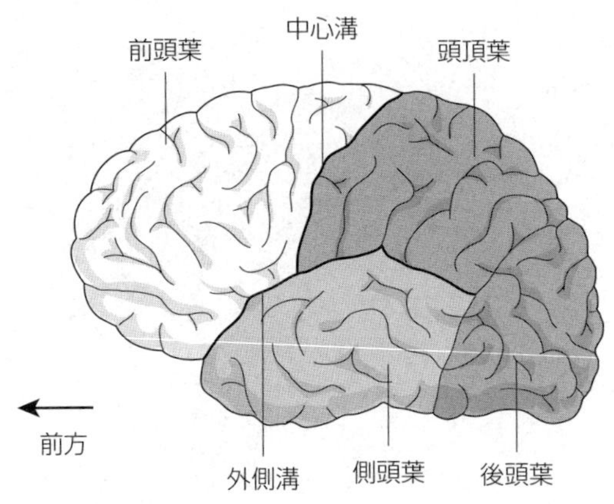

の点から，運動野，体性感覚野，聴覚野，視覚野といった部位に分けられることもある。

神経の基本単位は，ニューロン（神経細胞）である（図5-3）。このうち核を含む細胞体には，樹状突起と呼ばれる，樹木のように枝別れした突起があり，隣接する細胞から信号を受け取る役割を担っている。一方，受け取った信号は長く伸びた軸索に沿って伝わる。このとき，軸索の大半は髄鞘（ミエリン鞘）と呼ばれる絶縁体で包まれており，これにより，信号の伝達が高速化する。信号が軸索の終末部に伝わると，次のニューロン（もしくは，筋線維，内分泌腺）に伝達される。軸索終末部と隣接するニューロンとの接合部位はシナプスと呼ばれ，密着しておらず，両者の間にあるわずかなすきま（シナプス間隙）に化学物質（神経伝達物質）が放出されることで，情報は受け渡される。形や大きさに違いはあるものの，全てのニューロンは細胞体，樹状突起，軸索という同じ構造を持っている。

図5-3　ニューロンと細胞体のシナプスの図

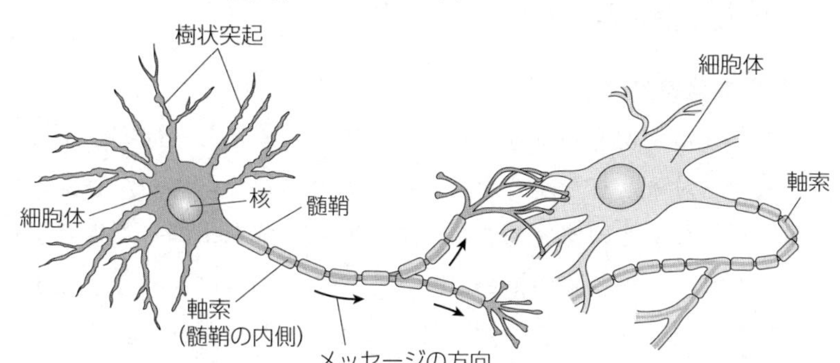

こうした神経細胞間での信号の伝達について，ヘッブ（Donald Hebb：1904-1985）は，ある神経細胞から，別の神経細胞への情報伝達が繰り返し行われると，細胞間の伝達効率が高まると考えた。すなわち，同じ反応の繰り返しは，シナプスに長期的な変化を引き起こすというもので，これにより「学習」（第4章参照）が成立するのだとした（Hebb, 1949）。これをヘッブの法則という。当時は有効な検証方法がなく仮説にすぎなかったが，その後の研究で立証されている。

なおニューロンは，脳全体で千億個以上あると言われているが，神経系を構成する細胞には，ほかにもグリア細胞があり，その数はニューロンよりもはるかに多い。グリア細胞は，従来，ニューロンの機能や構造を支える脇役と考えられていたが（例えば，髄鞘を形成するのはグリア細胞である），最近の研究では，それだけでなく，人間の心の働きに強く関与していることが指摘されるようになってきた（e.g., 毛内，2020）。

2. 脳損傷患者の研究

(1) 言語中枢の発見

既述のように，初期の生理心理学は動物を対象とした研究が中心だったが，人間を対象とした研究がなかったわけではない。ただしその多くは，病気や事故などの偶発的な事由で，脳の一部を損傷した患者を対象としたものであった。脳の損傷は，ときに心の働きに支障をきたすことから，損傷した脳部位と心の働きとの対応づけが行われる。このような研究の分野は神経心理学と呼ばれることもある。

この種の研究が発展するきっかけとなったのは，19世紀中頃，フランスの医師ブローカ（Pierre Broca：1824-1880）がある事実を発見したことであった。彼の患者の中に，言語を発する能力を失った者がおり，患者の没後，脳を解剖してみると前頭葉の一部に損傷が見つかったのである。そこで，彼はこの部位が言語を話すことに関係しているはずだと結論づけた。この部位は，その後，ブローカ野と呼ばれるようになった（図5-4参照）。さらに数年後，ドイツの医師ウェルニッケ（Carl Wernicke：1848-1905）が，脳の別の領域に損傷があると，言語を理解する能力に支障が生まれることを発見した。この部位は，ウェルニッケ野と呼ばれている（図5-4参照）。

(2) よく知られる症例

ブローカ野やウェルニッケ野の発見が転機となり，損傷のある脳を調べることで，脳の構造や機能を明らかにしようという機運が高まった。今日までにさまざまな脳損傷患者の症例が報告されている。ここでは，特に有名なものを2つ紹介する。

図5-4　言語中枢

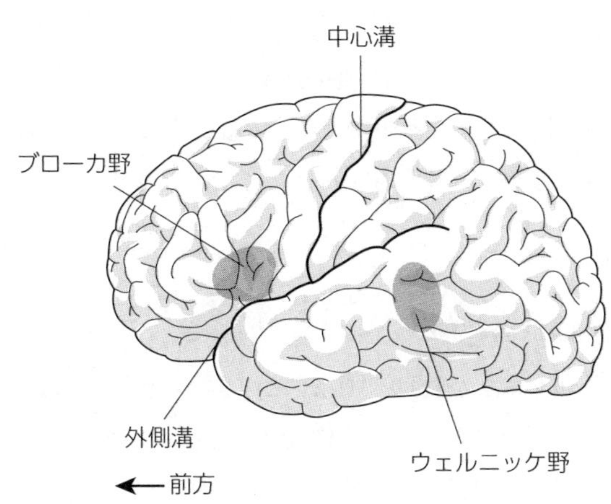

フィネアス・ゲージ（Phineas Gage：1823-1860）の症例

鉄道工事の現場監督だったフィネアス・ゲージは，爆発事故により頭部に鉄の棒が貫通するという大けがを負った。事故直後から意識はあり，奇跡的に命に別状はなかったが，事件以前は，穏やかで責任感があり，人望が厚かったゲージが，事故後は感情の起伏が激しく，無礼で，約束事などを守れない不誠実な人間になってしまったという。その様子は，周囲の人びとが「彼はもはやゲージではない」と言うほどだったとされる（ただし記録が乏しく，その詳細は不明である）。彼の脳のどの部位に損傷があったのか，当時は詳しく検証されなかったが，後年，保管されていたゲージの頭蓋骨を脳の標準的な部位と照らし合わせたところ，腹内側前頭前皮質（VPFC）に大きな損傷を負っていた可能性が指摘されている（Damasio, et al., 1994）。この研究に携わったダマシオ（Antonio Damasio：1944-）は，彼が現代のゲージと呼ぶエリオットという患者にも，ほぼ同じ位置に腫瘍が見られること，そしてエリオットもまたゲージと同じような症状が見られることから，この部位は感情や社会性に関わる機能を担う場所であると主張している（Damasio, 1994）。

H.M.（1926-2008）の症例

プライバシーの保護のため，H.M.とイニシャルで呼ばれ続けたこの男性は，幼いころからてんかん発作を繰り返し，歳を重ねるごとに頻度も増加したことから，1953年，彼が27歳の時にやむを得ず，脳の一部を除去する外科手術を受けた。その結果，発作を抑えるという点では手術は成功したが，直後から深刻な記憶障害に陥った。昔のことは記憶しており，知能テストの結果にも異常は認められなかったが，新しいこと，つまり手術後に経験したことを長く記憶に留めておくことができなくなったのである。これは，順向性健忘の典型的な症状である。H.M.が手術を受けた当時は知られていなかったが，手術によって除去された脳の一部には海馬と呼ばれる部位が含まれていた。海馬は，現在では記憶との関連が深い場所として知られており，順向性健忘の主たる原因は海馬の除去にあったと考えられる。研究に協力的であったH.M.はこの分野で最も有名な症例として，生涯その症状が幅広く調べられた（Corkin, 2013）。2008年に死亡した後も，その脳は保存されており，いまもなお研究の対象となっている。

（3）脳の側性化

大脳は左右2つの半球に分かれており，両半球には機能的な違いがあることが知られている。例えば，ブローカ野，ウェルニッケ野を含め，失語症をもたらす脳の損傷は，そのほとんどが左半球で起きていることから，言語情報の処理を担っているのは主に左半球で，右半球は視覚的情報や空間的な情報の処理を担っていると考えられている。このような左右両半球での機能の分化を脳の側性化（ラテラリティ）と言う。

私たちは，普段，このような側性化を意識することはない。それは両半球を，脳梁（のうりょう）と呼ばれる太い神経繊維の束がつないでおり，情報の往来があるからである。実際，脳梁が切断された患者（分離脳患者と呼ばれる）では，それぞれの脳半球が独立して機能しているかのような奇妙な現象が生じる。かつて，難治性のてんかん患者に対しては，脳梁を外科的に切断するという手術が行われていた。一方の半球で生じた発作が，もう一方の半球に伝わって，発作が増幅することを回避するためであった。

ところで，2つの脳半球は，身体の各部位と交叉したかたちで対応している。例えば，右半球は左半身，左半球は右半身の感覚や運動を制御しているため，右半球で脳梗塞が生じると左半身に麻痺が生じる。また，視野においてはさらに複雑な交叉が見られ，視線を前方に固定した場合，視野の左側半分の情報は右半球へ，右側半分の情報は左半球に入る。このことを利用し，のちにノーベル生理学・医学賞を受賞したスペリー（Roger Sperry：1913-1994）とガザニガ（Michael Gazzaniga：1939-）は，分離脳患者のそれぞれの脳半球に異なる情報を送るという，興味深い実験を行っている。例えば，図5-5に示すように，分離脳患者の前に画面を置き，その中央に注視点を示した後，左側に「鍵」，右側に「輪」という単語を出すと，「鍵」という単語は左視野から右半球に入り，「輪」

図５－５　分離脳患者を対象とした実験の例（ガザニガ，2016）

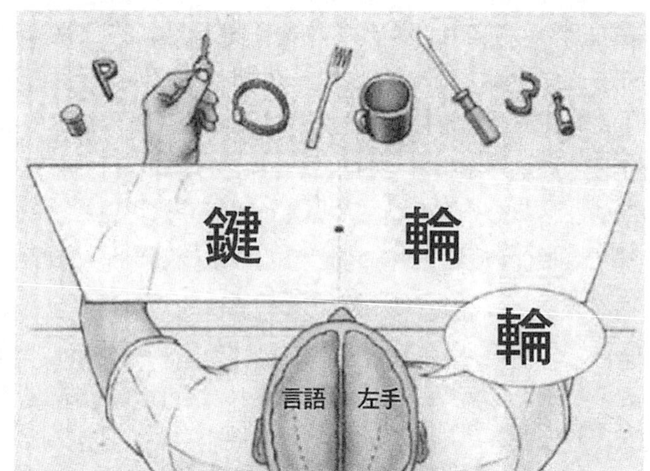

という単語は右視野から左半球に入る。そして，患者に何が見えたかを尋ね，口頭で回答してもらうと「輪」が見えたと言う。しかし見えた単語に相当するものを，左手で手探りで探してもらうと，鍵をつかむのである。左手を制御する右半球は言語による回答ができないが，動作では回答ができるため，右半球で認識された「鍵」をつかんだのだと考えられる。脳梁を分断されていない人びとは，脳梁を通じて両半球が情報を伝達し合う。そのため，左の視野に呈示された単語を言語で答えることができるし，右の視野に呈示されたものを左手でとることもできる。しかし，分離脳患者の場合，脳梁を通じた情報の行き来がないため，２つの半球の機能的な違いが際立ち，時として，それぞれの脳が独立した人格を持っているかのような振舞いを見せる。また，矛盾した振る舞いのつじつまを合わせるため，作話が行われることもあるという。

3. 近年の生理心理学の研究

(1) 非侵襲的手法の発展

近年は，脳の測定技術の発展により，脳損傷患者に頼らなくても脳の研究ができるようになってきた。脳の機能を計測する主な手法には，EEG（Electroencephalography：脳波），MEG（Magnetoencephalography：脳磁図），PET（Positron Emission Tomography：陽電子放出断層撮影法），fMRI（functional Magnetic Resonance Imaging：機能的磁気共鳴画像法）がある。EEG と MEG は神経細胞の活動を頭皮上で測定するもので，EEG は脳活動に伴って誘発される電位変化を，MEG は脳活動に伴って発生する微弱な磁場を測定する。EEG については，これから派生した技術として，ERP（Event-Relational Potential：事象関連電位）と呼ばれる電位の測定も，心理学ではよく行われている。ERP とは，特定の事象に関連して一過性に生じる脳電位であり，これは光，音のような外部刺激だけでなく，心理学の課題に取り組んでいるときなどに生じる内因性の変化によっても惹起されることが明らかにされている。事象発生の約300ms 後に生じる陽性（positive）の電位 P300が有名である。

EEG や MEG が神経細胞の活動を直接的に測定しているのに対し，PET や fMRI は，次のような前提に基づき，血流量の変化などによって脳の活動を間接的に測定するものである。脳内での神経活動が増えると酸素やブドウ糖の消費が増え，それを補うためにその部位の血流量が一時的に増大する。そのため，脳の各所における血流量やブドウ糖の代謝量などが測定できれば，その時に脳内で活動が活発になっている部位を特定することができる。この際 PET は，陽電子を放出する放射性同位体によって標識された薬品を投与し，その物質の脳組織中の濃度を時間的，空間的に計測する。それに対し fMRI は，観察対象に電磁波を照射し，原子核が共鳴して放出する電磁波を画像化する。

PET と fMRI は似た技術だが，PET に比べ，fMRI には多くの利点がある。それは第1に，fMRI を利用する際には，薬物を投与する必要がないということである。人体に悪影響はないとはされているものの，PET を使用する場合，放射性同位体で標識した薬品を投与する必要があることから，実験のみを目的とした薬品の使用には，研究倫理上の問題が生じる。第2の利点は，fMRI の空間分解能が高いことである。PET では描出できる最小の脳部位の大きさは10mm^{3}程度であるが，fMRI では数 mm^{3}程度までの描出が可能である。また時間分解能も，PET がせいぜい分単位なのに対し，fMRI は秒単位であり，より速い血流の変化を測定できる。ただし，ミリ秒レベルの時間分解能を誇る EEG や MEG と比較すると，fMRI の時間分解能は決して高くない。反面，EEG や MEG は空間分解能に乏しいため，特定の活動に関与する脳部位をできるだけ正確に特定しようとすると，PET や fMRI に軍配が上がる。このように，fMRI は，時間分解能にはやや難があるものの，実験を行う上での利点を多く有していることから，最近の生理心理学で最も利用されている手法である。ただし，NIRS（Near-Infrared Spectroscopy：近赤外線分光法）など，比較的簡便に脳機能を測定できる手法も次々と開発されてきており，その勢力図は，今後，大きく変わる可能性がある。

(2) 非侵襲的手法を使用した研究

非侵襲的手法を使用することで，心理学的な課題を実施している際の脳活動をかつてより手軽に計測することができるようになった。特に空間分解能に優れた計測技術を使えば，さまざまな心理学的事象が脳のどの部位と関係しているかを探ることが可能となる。例えば，他者の思考や感情を推測する際には，内側前頭前皮質（medial prefrontal cortex：前頭前野内側部とも言う。以下，MPFCと略す）と呼ばれる部位の活動が活発になることが，多くの研究で確認されている（Amodio & Frith, 2006; Blakemore, Winston, & Frith, 2004）。興味深いことに，対象が非生物であっても，そこに意図が知覚されると，MPFCは活性化する。ある実験では，幾何学図形（大きな赤い三角形と小さな青い三角形）が動くアニメーションを実験参加者に見せた。すると，図形が自ら意図を持って動いているかのように知覚されるアニメーションでは，MPFCなどに特徴的な活性化のパターンが見られた（Castelli, Happé, Frith, & Frith, 2000）。

（3）脳の機能局在論

ここまでに説明したように，現在，脳を対象とした生理心理学の研究の多くは，さまざまな心の働きが脳のどの部位で起きているかを特定するものとなっている。脳マッピングとも言われる研究であり，さまざまな心の働きがそれぞれ，脳の特定部位に局在しているという前提に立っている。これを脳の機能局在論と言う。

脳の機能が局在しているという考え方は古くからあり，19世紀初頭，ドイツ人医師のガル（Franz Gall：1758-1828）は，心の働きは大脳の表面の働きによるもので，異なる部位は異なる精神活動を担っていると主張した（Gall, 1835）。さらに，人の能力や性格の違いは，脳の大きさや形状として表れ，それは脳の入れ物である頭蓋を測定することでわかるとした。この骨相学と呼ばれる学問は一世を風靡し，当時はヨーロッパを中心に骨相を診る学者が多く存在した。現在では，科学的根拠に乏しい俗説とされており，特に頭蓋骨の隆起と脳の機能との間には何の関係性もないことが明らかにされている。しかし，脳のさまざまな部位が異なる心の働きに対応しているという考え方はいまも健在である。

ただし注意したいのは，ある心の働きが，ある脳部位にしか対応していないのは稀だということである。多くの場合，心の働きは，単一ではなく，複数の過程から成り立つもので，それらが同時並行的に，あるいは一連の段階を経て働くことで，複雑な心の働きが実現する。また脳機能の局在性は流動的だという指摘もある。例えば，病気や事故によって脳が損傷し，言語や運動機能を失った患者が，リハビリによってその機能を回復させた場合，当初とは別の脳部位が，損傷した部位の機能を肩代わりをすることがある。さらには経験によって，脳部位の大きさに変化が生じることもあるようである。例えば，ロンドンでタクシーの運転免許取得に成功した者は，後部海馬の容積が相対的に増加していたという（Woollett & Maguire, 2011）。ロンドンは街が複雑に入り組んでおり，タクシー免許をとるには，最低でも数年の訓練を積んで，通りの名前や場所を覚えなくてはならない。こうした訓練が記憶を司る海馬の大きさを変化させたのだと考えられる。

最近は，このような脳の可塑性のほか，脳の社会性にも関心が集まっている。そこでは，コミュニケーション時に活発化する脳の部位を測定するだけでなく，脳活動の同期性も調べられており，二者の脳活動を同時に計測できる fMRI も開発されている。非侵襲的な手法を用いた生理心理学的研究はまだはじまったばかりであり，今後，ますます発展するものと思われる。

引用文献

Amodio, D. M., Frith, C. D. (2006). Meeting of minds: The medial frontal cortex and social cognition. *Nature Reviews Neuroscience*, 7, 268-277.

Castelli, F., Happé, F., Frith, U., & Frith, C. (2000). Movement and mind: a functional imaging study of perception and interpretation of complex intentional movement patterns. *NeuroImage*, 12, 314-325.

Corkin, S. (2013). *Permanent present tense: The unforgettable life of the amnesic patient, H. M.* New York, N.Y: Basic Books.（コーキン，S（著）鍛原多恵子（訳）(2014). ぼくは物覚えが悪い ―健忘症患者H・Mの生涯 早川書房）

Damasio, A. R. (1994). *Descartes' error: Emotion, reason, and the human brain.* New York: Putnam.（ダマシオ，A. R.（著）田中三彦（訳）(2000). 生存する脳 ―心と脳と身体の神秘 講談社）

Damasio, H., Grabowski, T., Frank, R., Galaburda, A., & Damasio, A. (1994). The return of Phineas Gage: Clues about the brain from the skull of a famous patient. *Science*, 264 (5162), 1102-1105.

Gall, F. J. (1835). *On the functions of the brain and of each of its parts: Observations on the possibility of determining the instincts, propensities, and talents, or the moral and intellectual dispositions of men and animals by the configuration of the brain and head.* Boston: Marsh, Capen, & Lyon.

ガザニガ，M. S.（著），小野木明恵（訳）(2016). 右脳と左脳を見つけた男 ―認知神経科学の父，脳と人生を語る　青土社

Hebb, D. O. (1949). *The organization of behavior: A Neuropsychological theory.* New York: Wiley & Sons.（ヘッブ，D. O. 鹿取廣人・金城辰夫・鈴木光太郎・鳥居修晃・渡邊正孝（訳）(2011). 行動の機構 ―脳メカニズムから心理学へ（上）（下）岩波書店）

James, W. (1890). *The principles of psychology.* New York: Henry Holt and Company.

毛内 拡 (2020). 脳を司る「脳」最新研究で見えてきた，驚くべき脳のはたらき　講談社ブルーバックス

Weisberg, D. S., Keil, F. C., Goodstein, J., Rawson, E., & Gray, J. R. (2008). The seductive allure of neuroscience explanations. *Journal of Cognitive Neuroscience*, 20, 470–477.

Woollett, K., & Maguire, E. A. (2011). Acquiring “the knowledge” of London’s layout drives structural brain changes. *Current Biology*, 21, 2109–2114.

参考文献

理化学研究所 脳科学総合研究センター（編）(2016). つながる脳科学 「心のしくみ」に迫る脳研究の最前線 講談社

サックス，O.（著）高見幸郎・金沢泰子（訳）(2009). 妻を帽子とまちがえた男（文庫版）早川書房

サテル，S.・リリエンフェルド，S. O.（著）柴田裕之（訳）(2015). その〈脳科学〉にご用心：脳画像で心はわかるのか　紀伊國屋書店

髙瀬堅吉 (2022). 神経・生理心理学　放送大学教育振興会.

学習課題

1．神経内科医であるオリバー・サックスの『妻を帽子と間違えた男』という著書（参考文献参照）には，大脳右半球側頭葉の損傷のせいで，人間の顔がわからなくなり，そのために妻の顔が認識できなくなった男性が登場する（このような症状を相貌失認と言う）。このような脳と心の働きとの関係を示す症例は数多くある。本を探したり，インターネットで検索したりして，調べてみよう。

2．最近は，脳神経科学の研究や fMRI などを使った脳スキャン画像も身近なものになっており，テレビなどで見聞きすることも多いだろう。しかし脳神経科学に関する知識が不十分な人に，このような情報を加えた心理学の説明を見せると，たとえその情報が説明とは関連がないものであったとしても，説得力があるように見えてしまうことが指摘されている（Weisberg, et al., 2008）。なぜこのようなことが起こるのか，またその危険性について考察してみよう。

3．本章では，脳を中心とする中枢神経系の研究成果を紹介したが，数は少ないものの，末梢神経系の研究も行われており，いわゆる嘘発見器はその研究成果に基づくものである。嘘発見器は，どのようなメカニズムによって，嘘を発見できるとしているのかについて，調べてみよう。また，嘘発見器はその信憑性をめぐって多くの議論があるので，それについても調べてみよう。

6　比較心理学

森　津太子

《学習のポイント》 人間は，どのようにして現在のような心の働きを持ちえたのだろうか。進化論を背景に，他の動物との比較を通じて，人間の心の働きを明らかにしようとするのが比較心理学である。本章では，比較心理学の基本的な考え方と具体的な研究をもとに，ヒトという動物の心を探究していく。

《キーワード》 進化論，弁別学習，期待違反法，マークテスト（ルージュテスト），マキャベリ的知性

1．比較心理学の目的と基盤

比較心理学とは，人間と他の動物の比較を通じて，人間の心のしくみや働きを明らかにしようとする心理学の分野である。広義には，第13章で紹介されるような他の文化との比較，すなわち，比較文化的な心理学を含むことがあるが，多くの場合，比較の対象は他の動物で，動物心理学という呼称と同じように扱われることも多い。ただ最近では，動物との比較において，心理学以外の学問的アプローチを援用することも増えていることから，こうした傾向を踏まえ，比較認知科学という呼称もよく使われている（藤田，1998）。

比較心理学の研究には大きく分けて２つの目的がある。１つは，人間と比べて取り扱いが容易な動物を使って実験をすることで，人間にも共通する心のしくみや働きを明らかにしようとすることである。特に20世

紀初頭から中盤にかけては，犬やネズミ，ハトを使った「学習」の研究が盛んに行われた（第4章参照)。「ウメボシ」と聞くと自然に唾液が分泌されることからもわかるように，学習の基本形態の1つである古典的条件づけは人間でも起きる。そこで動物を使えば，人間を研究対象としなくとも，学習の基本的な原理を明らかにすることができると考えられた。また人間を対象とする場合よりも，実験環境を厳密に統制することが容易であり，条件を変えた実験を繰り返し行うこともできる。こうした理由から，かつては大学の心理学の実験室でネズミやハトが飼育されているというのは，ごくありふれた光景だった。

人間と他の動物との類似点（共通性）に着目する研究がある一方で，両者の相違点に着目する研究もある。人間が他の動物とどのような部分で異なるのかを洗い出すことで，人間の心のしくみや働きを明らかにする，これが比較心理学の2つ目の目的である。

ここで注意したいのは，比較心理学において人間と他の動物とを比較する際，「人間のほうが優れている」という前提には立っていないということである。実際，色の知覚一つをとっても，人間よりも優れた能力を持つ動物が多数存在することが明らかになっている。

色とは，光の反射によって得られる主観的な経験である。外界の世界そのものに色がついているのではなく，反射光が眼球に入り，網膜の視細胞が興奮することによって，「色」が感じられる。視細胞には，桿体（かんたい）と錐体（すいたい）の2種類があり，桿体は感度が高く暗闇で機能するが，色の知覚にはほとんど関与しない。色覚に関与するのは錐体であり，人間は異なる波長に対して興奮する3種の錐体を持っている。長い波長に興奮するものから順に赤錐体，緑錐体，青錐体と呼ばれている。これらの錐体の興奮のパターンによって，さまざまな色が知覚されるが，哺乳類のほとんどは赤と青の2色型で，人間のように3色型なのは，ニホンザル，テナガザル，チンパンジーなど，ごく一部であることが明らかになっている。しかしその一方で，例えばニワトリなどの鳥類は，赤，緑，青，紫の錐体を持つ４色型，アゲハチョウは，この４色に加え，紫外線も見ることができる５色型である。つまり色覚においては，ニワトリやアゲハチョウは，人間よりも優れた能力を持っているのである。

ところで，人間は赤，緑，青の３種の錐体を持つものの，赤と緑の錐体は興奮する光の波長が近接している。そのため，人間の色の知覚は少々いびつである。つまり，赤と緑の間はわずかな色の違いも識別できるが，緑と青の間の色はあまり識別できない。このような偏りを持つのは，哺乳類の祖先が，恐竜などの外敵を恐れて，夜行性の生活をしていたからではないかと考えられている。暗闇では，色の識別はあまり重要ではないため，哺乳類の多くは２種の錐体を残し（つまり，色覚を犠牲にして），感度の高い視覚を優先させた。しかし恐竜の絶滅後に繁栄した一部の哺乳類は，太陽光のもとで食料である果実などを選り分ける必要性が生じた。そのため，再び進化の過程で新たな錐体を獲得するに至ったという仮説が有力視されている。この仮説で前提とされているように，人間を動物の心のしくみや働きは，それぞれの生活環境に適応するように変化してきたと考えられており，その意味で優劣はない。

なお，環境への適応という説明からもわかるように，比較心理学の基盤には進化論がある。そこでは，人間も他の動物と共通の祖先を持ち，自然選択（自然淘汰と訳されることもある）のプロセスを経て，現在に至ると考えられている。

ダーウィン（Charles Darwin：1809-1882）が『種の起源』を発表する（Darwin, 1859）以前，欧米諸国では，キリスト教の思想により，人間はあらゆる生物の頂点に立つ存在とされていた。つまり，人間は他の生物とは明確に区別すべき存在であったため，人間を他の動物と比較する比較心理学が発展するのは，進化論が提唱されて以降のことである。ただし，敬虔なキリスト教徒の中には，未だ進化論を受け入れない者がいることからも明らかなように，当初は，ダーウィン本人も進化論を発表することを逡巡したというエピソードが残っている。また，ようやく出版された『種の起源』でも，教会などからの反発を恐れ，人間の進化についてはほとんど言及されていない。ダーウィンが，自身の言葉で人間と動物との間に本質的な違いがないと明確に述べたのは，『種の起源』から10年以上のちに出版された『人間の由来』（Darwin, 1871）においてである。

2. モーガンの公準と賢い馬ハンス

（1）擬人化とモーガンの公準

ダーウィンの後継者として，比較心理学の基礎を築いたのはロマーニズ（George Romanes：1848-1894）である。彼は，『動物の知能』（Romanes, 1882）を著し，その中で，さまざまな動物の優れた能力（ロマーニズは知能と呼んだ）を紹介した。そして人間と動物の知能には質的な違いはなく，量的な違いにすぎないことを強調した。ロマーニズがとった研究手法は逸話法と呼ばれ，動物が，人間的な知能を示したように見えるエピソードを集め，それをもとに考察するというものだった。しかし比較心理学の研究手法が確立しない中，逸話法は事実と解釈が入り混じり，動物の擬人化に歯止めがかからなかった。そこで，これに対しモーガン（Conwy Morgan：1852-1936）は，「低次の心的能力で説明できることを，高次の心的能力で解釈すべきではない」という節約の法則を主張した（Morgan, 1894)。つまり人間と動物に表面的な類似性が見られたとしても，それだけで，動物が人間と同じような心を有していると結論づけてはならないと主張したのである。これはモーガンの公準と呼ばれ，今日でも動物を研究する際の戒めとしてよく知られている。

(2) 賢い馬ハンス

モーガンの公準に違反した動物の擬人化の最たる例として，よく持ち出されるのが賢い馬ハンスの逸話である（Pfungst, 1907）。

20世紀の初頭，ハンスという名前の馬が，ドイツのベルリンで評判になった。1から100までの自然数を自在に操ることができ，数を数えるのはもちろんのこと，かけ算，割り算を含む計算問題ができる。さらには文字や単語を理解したり，音階を聞き分けたりすることまでできるという触れ込みだった。馬は口をきくことはできないため，質問者が問題を出すと，ハンスは答えの数の分だけ，ひづめで地面をたたいたり，正しい答えが書かれたカードのところに行って，それを鼻でさわったりした。調教師であるフォン・オステンは，この馬に長年にわたって学校教育のようなことを行ってきたので，人間に勝るとも劣らない認知能力を身につけたのだと主張した。

一方で，これはいかさまで，調教師であるフォン・オステンが，馬に何らかの合図を送っているに過ぎないと主張する者もいた。そこで，サーカスの支配人や，動物学者，生理学者，心理学者などが集まって，ハンスの能力の謎を検討するための調査委員会が結成された。しかし，フォン・オステン氏がその場にいない場合にも，ハンスは正答することがわかり，いかさまの可能性は否定された。

では，ハンスは本当に，数字や言語を自在に操る認知能力を持ち合わせていたのだろうか。決着をつけたのは，調査委員会の中心人物であった心理学者シュトゥンプフ教授の弟子プフングストだった。彼は，ハンスの行動を繰り返し観察する中で，ハンスの回答にある傾向があることに気がついた。それは，質問者がその質問に対する正答を知らない場合には，ハンスの正答率が落ちることであった。そこで，このことを検証するため，ハンスに２つの条件下で回答を求めるという実験を計画した。１つは問題を出す質問者が正答を知っている「知識あり」条件で，この場合，ハンスの正答率は90％以上だった。ところが，質問者が正答を知らないという点だけを変えて，まったく同じやり方でハンスに問題を出すと，その正答率は10％程度にまで落ちた。

これは，ハンスが自分で正答を導き出していたのではないことを示している。どうやらハンスは，質問者がとるわずかな行動を見分け，それをもとに回答をしていたのだった。例えば，ハンスがひづめで地面をたたき始めると，質問者は多くの場合，それを見つめる。そして正答にあたる数になると，思わず眉が動いたり，鼻孔が広がったり，顔がわずかにあがったりする。それは，本人も，また周囲の人も気がつかないほどの微細な行動だったが，ハンスはその動きを見極め，その約0.3秒後にひづめをたたくのを止めていた。つまり，ハンスは，人間の行動を読みとるという点では，優れた能力を持っていたが，数や言語を人間並みに操る認知能力を持っていたわけではなかったのである。

3. 比較心理学の研究法

ハンスの事例から得られる教訓の１つは，見かけ上は複雑な行動であっても，その背景にあるメカニズムは単純な場合があるということ，さらに，それを見抜くには緻密で組織的な研究が必要だということである（Boakes, 1984）。しかし動物を対象とした研究では，人間を相手にする一般の心理学の研究とは違って，言語を用いることができないなどの制約があり，研究方法に工夫が必要である。そこでここでは，比較心理学の代表的な研究法と，研究事例を紹介する。

（1）観察法

動物を対象とした研究の基本は観察である。賢い馬ハンスの例でも，「賢さ」の謎を解く手がかりは観察から得られたものであった。このように，動物を自然な状態で観察することからは多くの発見がある。特に人間の近縁種を野生の環境下で観察する研究からは，人間の心の解明につながるさまざまな事実が発見されている。

（2）実験法

動物の行動を自然な状態で観察し，それを記述するだけでは，行動の原因を特定することはできず，かつての逸話法と同じく事実と解釈が混同されるという危険性もある。そこで，すでに19世紀終盤には，実験法を用いた研究が試みられている。

例えば，ソーンダイク（Edward Thorndike：1874-1949）は，問題箱と呼ばれる複雑な構造の箱（図6－1）に空腹のネコやイヌを閉じ込め，そのからくりを解いて，箱から脱出するまでの時間を計測した（Thorndike, 1898）。箱の中の動物は，最初のうちはただやみくもに動き回り，そこら中の物に手をかける。しかしそのうちに，偶然，紐を引いたり，掛け金を外したりして，問題箱から脱出することに成功する。そしてその経験

図6－1　ソーンダイクの問題箱（Thorndike, 1898）

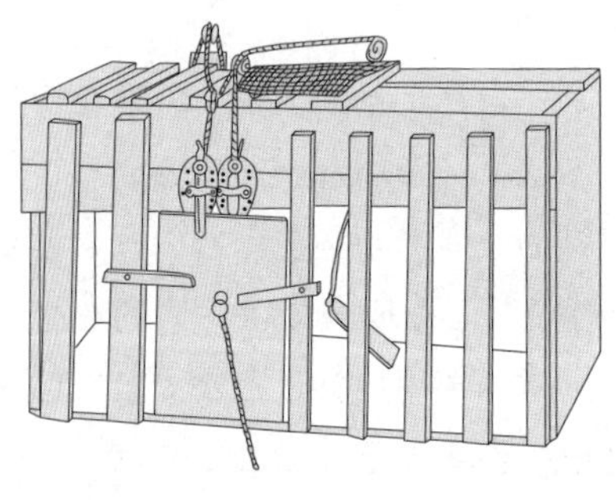

を繰り返すと，脱出という問題解決までにかかる時間はみるみるうちに短くなり，誤反応も目に見えて減っていく。ソーンダイクによれば，このような試行錯誤学習に，人間と他の動物との質的な違いは認められないという。

既述のように，動物を対象とした研究では言語が使えないという制約がある。実験のやり方を言語で説明（教示）することができないし，動物の反応も言語では得られない。しかしこのソーンダイクの実験のように，工夫次第では，動物の「心」により深く迫ることができ，これが比較心理学の醍醐味ということもできる。そのような工夫を凝らした実験の例を３つ紹介する。

弁別学習を用いた錯視の実験

１つ目は，ハトを対象とした弁別学習の実験である。この実験では，まず道具的条件づけ（第４章）によって，ハトが線分の長さを弁別できるようにした。具体的には，長さが異なる６本の線分を１本ずつモニターに提示し，より長い３本が提示されたときには「長い」に対応するキーを，より短い３本が提示されたときには「短い」に対応するキーをつつくとエサ（正の強化子）が与えられた。

そのうえで，ミュラー・リヤー錯視（第３章）の図形を提示したところ，外側に開いた矢羽がついた線分（図３-６ａの下図）には，「長い」に対応するキーを押す傾向が見られたという（Nakamura et al., 2006）。これは，人間と同じような錯視がハトに生じていることを示している。なお，その後の研究では，同様の手法を用いてハトにエビングハウス錯視（第３章図３-６ｂ）が起きるかについても検討されている。すると不思議なことに，エビングハウス錯視では人間とは異なる錯視が起きていた。周辺の円が小さいときのほうが，中心の円を小さいとする反応が見られたのである（Nakamura et al., 2009）。

期待違反法を用いた実験

乳幼児を対象にした実験で開発された手法が，動物の実験に援用されることもある。乳児も言語を自由に操ることができないからであり，次に示す期待違反法は，その一例である。期待違反法とは，期待（予測）に反することが起きたときには，驚いてその事態を確認する行動（多くの場合，その事象を長い時間見つめる）が見られることを利用した研究手法である。

この実験では，イヌをモニターの前に座らせ，裏側に置いたスピーカーから飼い主もしくは同性の未知の人物がそのイヌの名前を呼ぶ声を数回聞かせた。その後，飼い主の声を聞かせたうえで，未知の人物の顔をモニターに提示すると，イヌはモニターを長く注視する傾向が見られた。この結果は，イヌは馴染みのある声を聞くと，その顔を思い浮かべていることを示唆している。声を聞いた時点で飼い主の顔を思い浮かべていたからこそ，期待とは異なる顔がモニターに提示されたときに，驚いてそれを注視したと考えられるからである（Adachi et al., 2007）。

マークテスト（ルージュテスト）

さらに高次の認知を調べる研究として，動物に鏡を見せ，そこに映った自分の姿を自己と認識できるかを調べるものがある。典型的には動物が眠っている間に，おでこなど，わかりやすい場所に染料を塗り（マークを付け），目を覚ました後に鏡を見せる。このとき，染料に気づいて自分の顔を触れたり，その部分をじっくりと観察したりする様子が見られれば，自己認識ができているのだと考えられる（Gallup, 1970）。これはマークテストと呼ばれる手法であり，染料に口紅を使う場合があることから，ルージュテストと呼ばれることもある。
このテストをチンパンジーに行うと，染料をぬぐおうとする行動などが観察されるため，チンパンジーは自己認識ができると考えられている。マークテストは多くの動物を対象に行われており，オランウータンやボノボなどの類人猿，あるいはゾウやイルカも自己認識をうかがわせる行動が見られているが，ニホンザルなどのサルはこのテストを通過できないようである。人間も生後すぐは鏡の中の自分を認識できず，１歳半から２歳程度になって，ようやくマークテストを通過できるようになることが明らかにされている。

4．社会的知性への関心

最後に，比較心理学の近年の傾向について触れておきたい。それは，動物の社会性をテーマとする研究が増えているということである。特に霊長類は群れで生活することが多く，人間もその例外ではない。しかし集団生活を成立させるには，社会的知性とも呼ぶべき，高次の認知機能が必要である。
この社会的知性について，興味深い仮説が提出されている。一般に動物は，体重が重いほど脳の容積は大きい。しかしその相対的な大きさは異なっており，哺乳類，特に霊長類は，身体の大きさに比して脳が非常に大きいことが知られている。脳が心の働きの中枢であるとすれば，大きな脳を持つことは，より高い知能を有することにつながるが，一方で脳の維持・成長には極めて高いコストがかかる。例えば人間の脳は体重の２％ほどを占めるにすぎないが，食物から摂取するエネルギーの20%以上を消費することがわかっている。かつて人間の主たる死因の一つが飢餓だったことを考えれば，このようにエネルギー効率の悪い器官は進化の過程で淘汰されてもよさそうなものである。それが淘汰されないばかりか，進化の過程でますます脳の容積が増大したのは，コストを越える何らかの便益があると考えざるを得ない。

その答えとして有力視されているのが，社会脳仮説（Dunbar, 2009）と呼ばれるものである。この仮説では，霊長類の脳が大きくなったのは，固定的なメンバーで群れをなして生活するようになったことが大きな要因だと考える。集団での生活は，それによってできることが飛躍的に増加する反面，集団内での地位や他個体との関係性が生死や子孫の存続を左右することになる。そのため，相手の考えや気持ちを適切に読み取り，信頼関係を築くだけではなく，時には相手の裏をかいたり，相手の裏切りを察知して制裁を加えたりするなど，ある種の権謀術数を駆使する能力が発達したと考えるのである。イタリア・ルネサンス期の思想家マキャベリは，著書『君主論』の中で，さまざまな権謀術数の実例を取り上げて君主のあるべき姿を説いたが，それに匹敵するような権謀術数が集団生活を営む上では求められるというのである。このことから，霊長類が集団生活の中で必要とされる社会的知性は，マキャベリ的知性（Byrne & Whiten, 1988; Whiten & Byrne, 1997）とも呼ばれている。

霊長類の脳のうち，他の哺乳類に比べて特に大きくなったのは，高次の認知機能を担う大脳新皮質（第 5 章参照）と呼ばれる部分である。そして，社会脳仮説を支持するように，この部分が脳全体に占める割合は，一緒に生活する集団のサイズが大きい種ほど大きい（Dunbar, 1992）。集団サイズが大きくなれば，その分だけ個体間の関係性は複雑化するため，それに応じられるだけの知性が持てるよう，大脳新皮質が増大していったのだと考えられている。つまり霊長類の心のしくみや働きは，自然環境だけでなく，社会環境にも適応するものとして進化したと考えられるのである。

近年，このような研究は「進化心理学」の名のもとに行われている。比較心理学という学問分野が，進化論を機に発展したことは既述のとおりだが，「進化」ということばを前面に押し出した進化心理学では，より明確に進化論の考えを適用している。つまり，心を環境への適応の産物ととらえることで，心のしくみや働きを統一的に理解，解明することを目指しているのである。

引用文献

Adachi, I., Kuwahata, H., & Fujita, K. (2007). Dogs recall their owner's face upon hearing the owner's voice. *Animal cognition*, 10, 17-21.

Boakes, R. A. (1984). *From Darwin to behaviourism : Psychology and the minds of animals*. University Press Cambridge. (ボークス , R. A. (著) 宇津木保・宇津木成介 (訳) (1990). 動物心理学史：ダーウィンから行動主義まで　誠信書房)

Byrne, R. W., & Whiten, A. (Eds.) (1988). *Machiavellian intelligence: Social expertise and the evolution of intellect in monkeys, apes, and humans*. Oxford: Clarendon Press. (バーン , R.・ホワイトゥン , A. (編)，藤田和生・山下博志・友永雅己 (監訳) (2004). マキャベリ的知性と心の理論の進化論 ―ヒトはなぜ賢くなったか ナカニシヤ出版)

Darwin, C. (1859). *On the origin of species by means of natural selection, or the preservation of favoured races in the struggle for life*. London: John Murray. (ダーウィン , C. (著)，渡辺政隆 (訳) (2009). 種の起源 (上) (下) 光文社)

Darwin, C. (1871). *The descent of man, and selection in relation to sex*. London: John Murray. (ダーウィン , C. (著)，長谷川眞理子 (訳) (2016). 人間の由来 (上) (下) 講談社)

Dunbar, R. I. M. (1992). Neocortex size as a constraint on group size in primates. *Journal of Human Evolution*, 22, 469-493.

Dunbar, R. I. M. (2009). The social brain hypothesis and its implications for social evolution. *Annals of Human Biology*, 36, 562-572.

藤田和生 (1998). 比較認知科学への招待：「こころ」の進化学　ミネルヴァ書房

Gallop, G. G. (1970). Chimpanzees: Self-recognition. *Science*, 167, 3914, 86-87.

Morgan, C. L. (1894). *An introduction to comparative psychology*. London: Walter Scott.

Nakamura, N., Fujita, K., Ushitani, T., & Miyata, H. (2006). Perception of the standard and the reversed Müller-Lyer figures in pigeons (Columba livia) and humans (Homo sapiens). *Journal of Comparative Psychology*, 120, 252-261.

Nakamura, N., Watanabe, S., & Fujita, K. (2008). Pigeons perceive the Ebbinghaus-Titchener circles as an assimilation illusion. *Journal of Experimental Psychology: Animal Behavior Processes*, 34, 375-387.

Pfungst, O. (1907). *Das Pferd des Herrn von Osten (Der Kluge Hans) : Ein Beitrag zur experimentellen Tier- und Menschen Psychologie*. Leipzig: J. Ambrosius Barth.（プフングスト, O. 秦和子（訳）(2007). ウマはなぜ「計算」できたのか―「りこうなハンス効果」の発見 みすず書房）

Romanes, G. J. (1882). *Animal intelligence*. Kegan Paul, Trench & Co.

Thorndike, E. L. (1898). Animal intelligence: An experimental study of the associative processes in animals. *The Psychological Review: Monograph Supplements*, 2 (4), i-109.

Whiten, A. & Byrne, R. (Eds.) (1997). *Machiavellian intelligence II: Extensions and evaluations*. Cambridge: Cambridge University Press.（ホワイトゥン, A.・バーン, R.（編），友永雅己・小田 亮・平田 聡・藤田和生（監訳）(2004). マキャベリ的知性と心の理論の進化論Ⅱ ―新たなる展開 ナカニシヤ出版）

参考文献

髙木 佐保 (2020). 知りたい！ネコごころ 岩波書店

渡辺 茂 (1995). ピカソを見わけるハト ―ヒトの認知，動物の認知 日本放送出版協会

大坪 庸介 (2023). 進化心理学 放送大学教育振興会

学習課題

1．ネコ，イヌなど身近な動物を観察し，特に知性という側面に着目して，人間との類似点，相違点を挙げてみよう。
2．上記の類似点，相違点を，環境への適応という観点から考察してみよう。
3．動物の知性に関する実験を計画してみよう。

7 教育心理学

進藤聡彦

《学習のポイント》 学校教育で子どもたちが学ぶものは，大きく2つに分けられる。1つは教科の内容に関する知識や技能，態度であり，もう1つは集団で過ごすことで獲得される社会性である。教育心理学では教育に関わる幅広い分野の研究が行われているが，ここでは前者に関わり「教科の教授・学習過程」と「学習を支える動機づけ」の問題，また後者に関わって「社会性の学習の場としての学級の特徴」と「円滑な交友関係を結べるようにするための教育方法」の問題について考えていく。
《キーワード》 教授・学習過程，動機づけ理論，学級の特徴，社会性の獲得

1. 教授・学習過程の研究

(1) 学習者の実態としての誤概念

教科の教授・学習過程の研究では，学習内容について，子どもたちの理解の実態を解明したり，効果的な教授法の開発をしたりする研究などが行われている。効果的な教授法は，学習者の学習内容に関する理解の実態を踏まえたものである必要があり，両者は関連している。学習者の学習内容の理解の実態を明らかにする代表的な研究の例として，誤概念に関するものがある。私たちは，学校で教師に教えられてというように外部から知識を得ることはもちろんであるが，それ以外にも日常の経験の中から自ら知識を生み出すこともある。しかし，その経験の範囲は限られているため，誤りないし不適切と言えるような知識を形成してしま

うこともある。そうした知識が誤概念である。

中学校の理科では，「物体に力が働かないときには，運動している物体は等速直線運動を続け，静止している物体は静止し続ける」という慣性の法則が取り上げられる。例えば，図7－1の問題では，正解は下向きの力（重力）だけであるが，大学生でも上向きの力が働いていると答える者が多い（Clement, 1982）。

図7－1　慣性の法則に関わる誤概念を調べる課題例

ボールを真上に投げ上げた。ボールは上昇している途中である。このボールに働いている力の向きを矢印で記入せよ。

そのように答えてしまうのは，「物体が運動し続けるためには力が加え続けられなくてはならない」といった誤概念を持つからである。そしてそれは，乗っている自転車を走り続けさせるためには，ペダルをこぎ続けなくてはならないし，自動車ではアクセルを踏み続けなくてはならない，といった経験から得たものである。ただし，誤概念は一概に不適切だとばかりは言えない側面も持つ。慣性の法則は，抵抗がない条件の下で成立する法則であるが，現実には空気抵抗もあれば，道路とタイヤの摩擦もある。この点から言えば誤概念は日常の世界においては，一定

の妥当性を持つものとしても捉えられる。

誤概念は，上記のような理科に関するものが多く見出されているが，その他の教科に関するものも報告されている。例えば，数学では比例をある量 x の増減に伴い，他の量 y が一定の割合で増減する関係だとは捉えずに，単純に一方の量の増減によって他の量が（規則性がなくても）それぞれ増減する関係としてしまう中学生の誤概念がある。また，社会科に関連して「商品の小売値は仕入れ値と同じ（または安い）」といった小学生の誤概念もある（麻柄・進藤，2008）。いずれの教科でも子どもたちが誤概念を持つ場合には，正しい知識を教えるだけでは誤概念は残存してしまうため，授業では誤概念を修正するためのステップが必要になる。なお，日常の経験から生み出される誤りないし不適切な知識は，誤概念の他にも素朴概念や前概念，ル・バー（ru：誤ったルールの意味）などと呼ばれることもある。

（2）効果的な教授法

小学１年生の算数では減法（引き算）が取り上げられる。減法を使って答えを出す文章題は３つのタイプに分類されることがある。「リンゴが８個ありました。５個食べたら，残りは何個ですか」という求残型，「リンゴを８個もぎたいと思います。５個もいだら，あと何個もげばいいでしょう」という求補型，そして「リンゴが８個，ナシが５個あります。どちらがいくつ多いでしょう」という求差型である。このうち，子どもたちにとっては求差型の問題が難しい。

求残型や求補型と求差型には，前二者が集合全体の要素数から部分の要素数を除去した残りの部分の要素数を求める問題であるのに対し，求差型は２集合の要素数の違いを求めるといった違いがある。ハドソンは，幼児に５羽の鳥と３匹の虫が描かれた図を示して，「鳥は虫よりどれだけ多いでしょう」という問題と「鳥が虫を捕ろうとしています。みんな虫を捕れるかな。捕れないとしたら何羽の鳥が捕れないでしょう」という問題を出題した。前者では2割程度，後者では9割の者が正答できたという（Hudson, 1983）。この結果は，求差型の難しさの原因が一対一の対応づけの難しさにあることを示している。

したがって，求差型の文章題にも正答できるようにするためには，一対一の対応づけを可能にするような手続きが必要になる。そのためには，まず子どもたちが熟知しているイス取りゲームのような一対一の対応づけがしやすい状況を取り入れて，①2集合の要素間に一対一の対応をつける，②一対一に対応づけられた要素と，対応づけられなかった要素を分離する，③対応づけられなかった要素数を数える，④この過程を減法と結びつける，といったことを子どもたちに習熟させる必要がある。その習熟後に，一対一の対応づけがしにくい2集合の要素を用いて一般化を図るといった段階を踏むことが有効だと考えられる。

このように教授・学習過程の教育心理学研究では，子どもたちの理解に困難さをもたらす認知的な要因を解明し，その困難さを解消すべく認知心理学などの知見を取り入れながら効果的な教授法の開発を試みている。

2. 学習における動機づけ

(1) 自己決定理論

ある国語辞典によれば，勉強とは「(学問などに) つとめはげむこと」とある（久松・佐藤，1969）。この定義のように，勉強には「気持ちを奮い起こして，努力するもの」という側面がある。したがって，気持ちを奮い起こし，努力が必要な勉強が行われるためには，一定の強さの動機づけが必要になる。動機づけについて，心理学ではいくつかの理論があるが，ここでは多くの動機づけ研究の枠組みになっている自己決定理論（Deci & Ryan, 2002）と達成目標理論（Dweck, 1986）を取り上げていく。

従来，動機づけの区分として広く知られているのは，内発的動機づけと外発的動機づけである。内発的動機づけは，その行動自体が目的となって動機づけられている場合である。例えば，数学自体が楽しくて熱心に学習するような場合である。一方，外発的動機づけはその行動が別の目的の手段になっているような場合で，親から数学でよい成績をとれば小遣いを上げてあげると言われたため，学習に取り組むといった場合である。両者の違いを学習に取り組む際の自発性や自律性の観点から見てみると，内発的動機づけは自発的，自律的であるのに対して，外発的動機づけでは他発的，他律的である。この違いに着目して，内発と外発の２つの動機づけの区分を拡張し，自己決定性の観点から動機づけの質の違いをより精緻に整理したものが自己決定理論である。

自己決定理論では，動機づけの状態をその行動が他の人からの働きかけで始まる，他発的で他の人にやらされているという他律的な段階から，自ら行動を起こし，自分自身の意思で楽しみながらやっているという段階までの４つに分類する。その４分類とは，外的調整，取り入れ的調整，同一化的調整，内的調整であり，それぞれの状態を学習に対するその人の動機づけの型（調整スタイル）としている。

外的調整スタイルは，学習することに価値を認めているわけではないが，他者からの賞罰による働きかけなどによって学習するような場合である。取り入れ的調整スタイルは，他者からの明確な働きかけはないが，不安や義務感，あるいは自己価値を維持するために学習するといったように，他者からの統制感を持つような場合である。また，同一化的調整スタイルは，自分の将来のためには必要だなど，価値を感じて学習するような状態を指す。さらに，内的調整スタイルは学習すること自体が興味の対象となっており，面白さや楽しさといったポジティブ感情を伴って自発的，自律的に学習を行うような場合である。

この４つの調整スタイルと学習の質との関連を調べた研究が数多く行われている。それらの研究は，外的調整のような他発的で他律的なスタイルの者は，学習の際の工夫がなく，学習内容をそのまま暗記しようとする傾向があることを報告している。これに対して，内的調整のような自発的，自律的なスタイルの者は，学習内容を関連した既有の知識と結びつけたり，学習内容間を関連づけたりするといった理解が促進されるような工夫のある学習法をとる傾向があると言う。

（２）達成目標理論

達成目標理論は，学習することに関して自分の持つ力を発揮すべき目標を何に置くのかの違いに着目した理論であり，その初期には習得目標（learning goal）と遂行目標（performance goal）の２つに分類して考えられてきた。習得目標では学習内容自体を習得することを通して，学習者が自らの能力を高めることに動機づけられる。遂行目標では，よい成績をあげることで他の人に自分の有能さを示したり，自分が有能な存在であることを自分自身に証明して，自尊感情を維持したりすることに動機づけられる。

その後，達成目標理論は，目標に到達すること（接近）を目指すのか，目標に到達できないことを回避しようとするのかという観点を加えて，「習得目標―遂行目標」の次元と「目標への接近―回避」の次元の組み合わせで習得接近，習得回避，遂行接近，遂行回避の４つの目標に分類されて考えられることとなった（例えば，Elliot & McGregor, 2001）。

表7－1　達成目標理論における4分類と例

	接近目標	回避目標
習得目標	習得接近目標 (学習内容をよく理解したい)	習得回避目標 (学習内容が理解できないのは嫌だ)
遂行目標	遂行接近目標 (他の人に成績がいいことを示したい)	遂行回避目標 (他の人に成績が悪いと思われたくない)

具体的には，習得接近目標では，「その学習内容をよく理解したいから」というように学習内容の習得を目指すことに力を注ぎ，習得回避目標では，「学習内容が理解できないのは嫌だから」というように学習内容が習得できないことを避けることに力を注ぐ。また，遂行接近目標では，「他の人に成績がいいことを示したいから」といった場合であり，遂行回避目標は，「他の人に成績が悪いと思われたくないから」というように，他の人より成績が劣るのを避けることを志向する（表7－1参照)。

一般的に，遂行目標より習得目標が，回避目標よりは接近目標が学習にとって望ましいと言われている。このことから，学習にとってもっとも望ましいのは習得接近目標を持つ場合であり，この目標の者は自己決定理論における内的調整スタイルの者と同様に，学習内容を関連した既有の知識と結びつけるなど，自らが能動的に考え，効果的で工夫のあるやり方で学習を進める傾向がある。

3．学級の特徴

(1) 学級の構造

子どもたちにとって，学級は他の多くの子どもたちと一緒に終日過ごす場である。学校に入学した当初の学級は，単なる個人の集合に過ぎないが，やがてそれぞれの子どもの地位や役割が定まっていく。そして，その学級固有の規範が形成されたり，他の学級との境界が意識されたりするなど，集団としての性質を持つようになる。また，学級内に仲のよい子ども同士の小集団が形成されることもある。この過程で，子どもは他の子どもたちとの間の交友や衝突を通じて，対人関係の在り方などの社会性の学習をしていく。

学級内の子どもたちの交友関係や小集団の存在の有無，小集団間の関係を知るための方法として，モレノの考案したソシオメトリック・テスト（sociometric test）が古くから知られている（Moreno, 1934）。これは，

図７－２　小学４年生のソシオグラムの例（田中，1975を一部改変）
（「学級の中の誰の隣に座りたいか」と質問した結果をソシオグラムに表したもの。□は男児，○は女児）

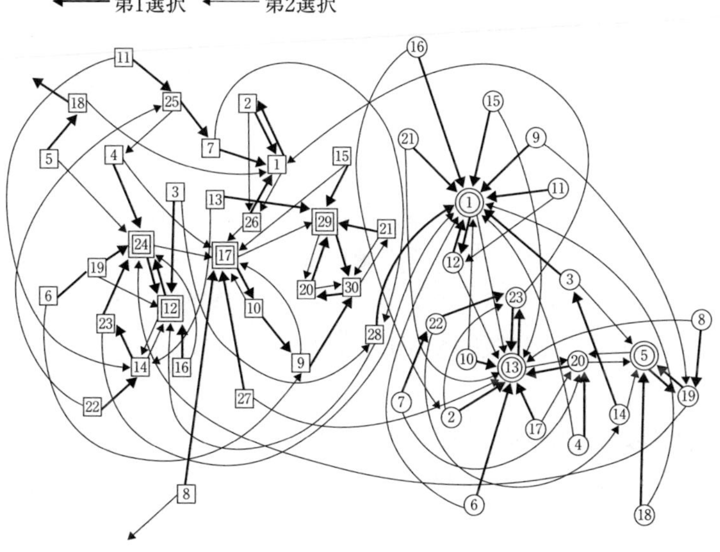

子どもたちに「席替えをするとしたら，隣に並びたい人は誰ですか」，「共同で作業をするとしたら，あなたは誰と一緒にしたいですか」などといった質問をする。そして，その結果を図7－2のようなソシオグラム（sociogram）にまとめることで，①多くの者に選択されるスター（図の男児17や女児1など），②互いに友好的な相互選択（男児1と2，女児1と12など），③誰からも選択されない孤立児（男児8，女児6など），④学級内に形成されている小集団（男児17や女児1を中心とする小集団など）が明らかになる。また，「席替えで隣に並びたくない人はだれですか」のような質問をすることで，多くの者から排斥されている排斥児の存在も明らかになる。

個人ごとの被選択者数から被排斥者数を差し引いて算出される社会測定的地位は，その子どもの学級内の地位を示す指標の1つとされている。また，一般に一部の子どもに人気が集中しないこと，孤立児が少ないこと，選択の基準が違った場合には，社会測定的地位に変動があること，などが望ましい学級の特徴とされる。

なお，ソシオメトリック・テストは学級内の交友関係や構造を把握するときの視点を与えてくれる点で参考になる。しかし，それぞれの子どもが誰を書いたのかを他の子どもが詮索することで，学級内の人間関係が悪化してしまうことも考えられる。この点で倫理的，教育的には問題があることから実施は控え，その発想は生かしつつ教師は日常の個々の子どもの様子や子ども同士の交友の様子をよく観察し，上記のような望ましい特徴を備えた学級になるよう働きかけていくことが必要になる。

（2）学級風土と教師のリーダーシップ

子どもたち同士の交友関係などの要因によって，それぞれの学級には独自の学級風土と呼ばれる「感情，態度ないし行動の学級全体としての

表7-2　学級風土質問紙の一部（伊藤・松井，2001より作成）

領域	要素	項目
関係性	学級集団への関与 生徒間の親しさ 学級内の不和※ 学級への満足感 自然な自己開示	行事などクラスの活動に一生懸命取り組む このクラスはみんな仲がよい クラスがバラバラになる雰囲気がある このクラスが気に入っている 自分たちの気持ちを気軽に言い合える
個人発達と目標志向	学習への志向性	クラスのみんなはよく勉強する
組織の維持と変化	規律正しさ 学級内の公平さ	このクラスは，規則を守る 誰の意見も平等に扱われる

※逆転項目

傾向」（根本，1987）がある。学級風土を明示的に捉えるための中学生用の質問紙を作成した伊藤・松井（2001）の研究では，学級風土は学級の中の集団としてのまとまりや生徒間の親密さなどの「関係性」，学習への取り組みに関する「個人発達と目標志向」，集団規律の遵守や集団の民主性に関わる「組織の維持と変化」という3つの領域から構成されるとしている。具体的な学級風土質問紙の内容の一部を表7-2に示す。

この質問紙を用いて2つの学級を調べたところ，1つの学級では学級のまとまりや学級への満足感が高く，仲間はずれといったことのない開放的で楽しい雰囲気であった。もう1つの学級では，学級活動などに関心が低く，生徒間の親密さが低い雰囲気であった（伊藤・松井，2001）。

このように，学級によって学級風土には違いがあり，必ずしも望ましいとは言えない学級風土にある学級もある。

学級風土の形成に教師はどのような影響を与えているのだろうか。教師（特に担任教師）は学級の子どもたちにとって，リーダーの側面を持つ。三隅他（1977）のPM理論では，教師の持つリーダーシップの機能をP（performance：課題遂行）とM（maintenance：集団維持）の2次元から捉えている。小学校の場合，Pは家庭学習をきちんとするように厳しく言うなどの「生活・学習の訓練やしつけ」，決まりを守ることについて厳しく言うといった「社会性・道徳性の訓練やしつけ」を働きかける機能である。また，Mは児童と一緒に遊ぶなどの「教師の児童への親近さ」や，児童と同じ気持ちになって考えるなどの「教師の児童に対する配慮」を働きかける機能である。P機能とM機能の強弱の組み合わせから教師のリーダーシップはPM型（両機能ともに強），Pm型（P機能強・M機能弱），pM型（P機能弱・M機能強），pm型（両機能ともに弱）に分類される。

それぞれのリーダーシップの型と児童の意識との関連を調べたところ，「学級は楽しい」などの「学級の連帯性」，「もっと努力して勉強しようと思う」などの「学習意欲」，「学級で決めた目標はみんなで守ろうとする」などの「規律遵守」のいずれにおいても，PM ＞ pM ＞ Pm ＞ pmの順となった。また，「学校を休みたくなる」などの「学校不満」では，Pm ＞ pm ＞ pM ＞ PMの順となった。この結果は，PM型の教師が最も望ましいことを示すとともに，リーダーとしての教師の在り方は，学級の風土にも大きな影響を与えることを示唆している。

（3）ソーシャル・スキル・トレーニング

ソシオメトリック・テストで明らかになるような孤立児や排斥児が生まれる原因として，どのようなことが考えられるだろうか。例えば，孤立児の場合，内向的で人と交わるのが苦手などの理由が考えられるし，排斥児の場合には，攻撃的で他の子どもがその子どもと接するのを怖がったりすることなどが考えられる。このような考え方は，交友関係上の問題をその子どもの性格に原因があると捉えていることになる。

これに対して，社会的な技能が不十分だとする考え方がある。この考え方では，交友関係がうまくいかないのは，対人関係に関わる知識や技能が欠けているためだと捉える。そして，この考え方に従えば，「他の子どもと円滑に関われるようにするには，どうすればいいのか」などについての知識や技能を獲得させ，それを実行できるようにすればいいということになる。こうした考え方に沿った教育プログラムによって，交友関係を改善しようとするのが，ソーシャル・スキル・トレーニングである。

一般的なプロセスとして，①より適切なソーシャル・スキルが必要な状況を設定する，②子どもたちに新たに獲得してほしいスキルをモデルとして提示する，③模擬的な状況を設定し，子どもたちにロールプレイ（実際に近い疑似的な場面での役割演技）を行わせる，④トレーニングの場で学習したスキルを日常の場で実践させてみる，といった段階を踏む。対象となるソーシャル・スキルには，他の子どもとのコミュニケーションを，友好的かつ円滑に進めることのできる「コミュニケーション・スキル」，対人関係上の問題が生じたときに適切な解決策を考えて，実行できる「問題解決スキル」，ストレスを緩和したり，解消したりする「ストレス管理スキル」，怒りを鎮めるなどの自身の「感情をコントロールするスキル」などがある。

（４）ソーシャル・スキル・トレーニングの実践

以下では，具体的なソーシャル・スキル・トレーニングの例としてコミュニケーション・スキルを取り上げた小学校３年生を対象にした授業実践（志村，2004）を紹介する。「ドラえもん」に登場する「のび太」，「ジャイアン」，「しずかちゃん」の表現の仕方は，それぞれ自身の考えをはっきり主張できない非主張的な自己表現，他の子どもの気持ちを考えずに乱暴な物言いをする攻撃的な自己表現，相手の気持ちを考えながら自身の考えをはっきり言える自他尊重に基づく率直な自己表現，という典型的な３つの自己表現の型に対応する。この３人の登場人物は子どもたちにとって既知であり，３つの型の違いが把握しやすいため従来，コミュニケーション・スキルのトレーニングではしばしば用いられ，当該の実践でも用いられた。

まず，この３人の登場する漫画の場面からそれぞれの表現の仕方の特徴を捉えさせた。続けて，友だちから放課後に遊ぼうと誘われたが，用事があるため断るときに，どのように断るのかを先の３人の表現の仕方に即して台詞を読ませた。その後で，実際に同様の状況を設定して，ロールプレイを行わせた。この過程で，児童は表現の仕方の違いを学習していった。特に，台詞を読ませた段階では，「しずかちゃん」の表現法を高く評価する者が多かったが，ジャイアンの表現法についても，はっきりものを言っていて気持ちがいいと評価していた児童がいた。しかし，その印象が実感できるロールプレイを通じて「ジャイアン」は乱暴な言い方で，言われたほうは気分が悪いというように変化した。以上の経過をたどり，児童の話し合いで自他尊重の「しずかちゃん」の表現法が望ましいという意見にまとまり，教師は日常生活でもその表現法を実践していくように指導した。こうした実感を伴ったトレーニング方法をとることで，子どもたちは日常生活でも適切なコミュニケーション・スキルを発揮できるようになることが期待できる。

引用文献

Deci, E. L., & Ryan, R. M. (Eds.) (2002). *Handbook of self-determination research.* NY: University of Rochester Press.

Dweck, C. S. (1986). Motivational processes affecting learning. *American*

Psychologist, 41, 1-9.

Elliot, A. J., & McGregor, H. A. (2001). A 2×2 achievement goal framework. *Journal of Personality and Social Psychology*, 80, 501-519.

久松潜一・佐藤謙三（1969）．国語辞典 角川書店

Hudson, T. (1983). Correspondences and numerical differences between disjoint sets. *Child Development*, 54, 84-90.

伊藤亜矢子・松井 仁（2001）．学級風土質問紙の作成 教育心理学研究，49，449-457.

麻柄啓一・進藤聡彦（2008）．社会科領域における学習者の不十分な認識とその修正 東北大学出版会

三隅二不二・吉崎静夫・篠原しのぶ（1977）．教師のリーダーシップ行動測定尺度の作成とその妥当性の研究 教育心理学研究，25，157-166.

Moreno, J. L. (1934). *Who shall Survive?: A new approach to the problem of human interrelations*. Washington, D.C.: Nervous and Mental Disease Publishing Co.

根本橘夫（1987）．学級集団の独自性からみた学級集団の規範，構造および風土 心理科学，11，1-16.

志村美貴緒（2004）．コミュニケーション・スキルの促進を目指した教育プログラムの開発 山梨大学教育学研究科修士論文（未刊行）

田中熊次郎（1975）．新訂 児童集団心理学 明治図書

参考文献

藤澤伸介（編）（2017）．探求！ 教育心理学の世界 新曜社

麻柄啓一（責任編集）（2006）．学習者の誤った知識をどう修正するか―ル・バー修正ストラテジーの研究― 東北大学出版会

相川 充（2000）．人づきあいの技術 ―社会的スキルの心理学― サイエンス社

進藤聡彦・谷口明子（2020）．教育・学校心理学　放送大学教育振興会

学習課題

1．子ども時代を振り返り，あなたが持っていた誤概念をできるだけたくさん挙げて，それはどのような経験から作り上げられたものか考察してみよう。
2．あなたの「心理学概論」の受講に対する動機づけは，自己決定理論の4つの型（スタイル）のどれに該当するか，その理由とともに考えてみよう。
3．あなたがソーシャル・スキルとして用いている「ストレス管理スキル」や「感情をコントロールするスキル」を挙げてみよう。また，他の人にもどのようなスキルを使っているか聞いてみよう。

8　発達心理学

向田久美子

《学習のポイント》 発達心理学は，人の生涯にわたる心身の変化とそれが生じる仕組みを研究する学問である。発達の研究対象は，かつては子どもだけであったが，現在は大人も含むようになり，発達を多次元的・多方向的に見るようになっている。本章では，発達研究の歴史，発達研究の方法，遺伝と環境，発達段階と発達課題について概説する。

《キーワード》 生涯発達，縦断と横断，遺伝と環境，発達段階，発達課題

1．発達研究の歴史

（1）20世紀前半まで

発達研究は，心理学の中では古い歴史を持つと言ってよいだろう。19世紀末に心理学が成立したころ，発達に関するいくつかの先駆的な研究が発表されている。まず，1877年にダーウィンがわが子の観察日誌を雑誌『マインド』に発表した。ドイツでは生理学者のプライヤー（William T. Preyer：1841-1897）がより組織的な観察を行い，1882年に『児童の精神』として刊行した。アメリカではホールが1880年に児童研究運動を開始した。ホールは生物学者ヘッケル（Ernst H. P. A. Haeckel：1834-1919）の「個体発生は系統発生を繰り返す」という反復説に依拠しながら，乳児期から青年期までの発達を明らかにすること，また大規模な質問紙調査を通して教育に役立つ知見を得ることを目指した。

このように，19世紀の終わりごろから，生物学の発展と教育の普及を

背景に，科学的に子どもを探究する動きが広まり，児童心理学として結実することになった。とりわけ，知能（認識や思考）の発達に対しては強い関心が寄せられた。一つは哲学的な伝統から（第1章参照），もう一つは知的障害のある子どもへの対応という観点からである。後者の観点から生み出された成果の1つに，フランスのビネー（Alfred Binet：1857-1911）が1905年に発表した知能検査がある。当時のフランスでは，義務教育が制度化され，子どもが学校での勉強についていけるかどうかを判定する必要性が高まっていた。政府から委託を受けたビネーは，シモン（Théodore Simon：1872-1961）とともに，さまざまな課題を年齢別に並べ，どの年齢水準まで達成できるかを見ることで，知能の発達水準を明らかにする知能検査を開発した。このビネー式知能検査は世界的な反響を呼び，アメリカでは1916年にスタンフォード・ビネー検査として標準化され，IQ（知能指数）による表示が導入された（この知能検査は，改訂を重ねながら，現在も使われている）。

ビネーの死後，シモンのもとで働いていたピアジェ（Jean Piaget：1896-1980）は，子どもが検査項目に対して示す誤答のパターンに関心を寄せ，独自の手法（臨床法）を用いて，知能が質的に異なる段階を経て発達することを明らかにした（表8-1参照）。子どもの認知発達は，既存の枠組み（シェマ）に合わせて新しい情報を取り入れていく「同化」と，同化がうまくいかないときに既存のシェマを修正して取り入れる「調節」との相互作用によって進むと考えた。

同じころ（1920～30年代），ロシアで活躍したヴィゴツキー（Lev S. Vygotsky：1896-1934）は，ピアジェのように発達段階を設定することはせず，認知発達における他者との相互作用や，社会文化的・歴史的文脈の重要性を強調した。教育の役割を重視し，知能検査のように「子どもが今，一人でできること」に焦点を当てるのではなく，「大人の援助

表8－1　主な発達段階説

発達段階＼理論	フロイトの心理性的発達理論	ピアジェの認知発達理論	コールバーグの道徳性理論	エリクソンのライフサイクル論
乳児期 （0～1歳）*	口唇期	感覚運動期		信頼　対　不信
幼児前期 （1～3歳）	肛門期	前操作期 (前概念的思考期)		自律性　対　恥・疑惑
幼児後期 （3～5，6歳）	エディプス期	(直観的思考期)	前慣習的水準	自主性　対　罪悪感
児童期 （6～11，12歳）	潜在期	具体的操作期	慣習的水準	勤勉性　対　劣等感
青年期 (12歳～20代)	性器期	形式的操作期	後慣習的水準	アイデンティティ　対 アイデンティティ拡散
成人前期 (20代～30代)				親密性　対　孤立
成人中期 (40代～60代)				ジェネラティビティ 対　停滞
成人後期 (70代～)				統合　対　絶望

＊年齢区分はあくまでも目安である。

や仲間との共同があればできること」に焦点を当て，発達を積極的に押し上げるべきだと主張した。この２つの水準の開きのことを「発達の最近接領域」（もしくは最近接発達領域）と呼ぶ。

（2）20世紀後半以降

1950年代に入ると，精神分析の流れを汲む2人の理論家が登場した。一人はイギリスのボウルビィ（John Bowlby：1907-1990）である。児童精神医学に比較行動学の視点を取り入れ，戦災孤児らの研究をもとに，アタッチメント理論を提唱した。もう一人は，ドイツに生まれ，アメリカで活躍したエリクソン（Erik H. Erikson：1902-1994）である。フロイトの心理性的発達理論をベースにしながら，社会文化的・歴史的要因を考慮したライフサイクル論を唱え，生涯にわたる人格的発達のモデルを提示した（表8-1参照）。

1960年代にアメリカの心理学界で行動主義から認知過程へと関心が移行すると（第1章，第4章参照），ピアジェの理論に注目が集まるようになった。コールバーグ（Lawrence Kohlberg：1927-1987）はピアジェの道徳研究を発展させ，道徳的判断の発達段階説を提唱した（表8-1）。一方，情報処理アプローチのように，ピアジェ理論を批判的に検証しようとする動きも高まった。バンデューラ（Albert Bandura：1925-2021）は，社会的行動（攻撃性や性役割など）の学習は，観察と模倣，そして代理強化によって生じるという社会的学習理論を唱えた（観察学習，もしくはモデリングともいう。第4章参照）。

1970年代には，高齢化の進展を背景に，老年期の実証的な研究が進み，発達を生涯にわたって続くものと捉える生涯発達心理学が台頭した。代表的な研究者として，高齢者の知能を研究したドイツのバルテス（Paul B. Baltes：1939-2006）を挙げることができる。また，遅れていた乳児や胎児の発達についても，測定機器の開発や研究方法の工夫により，飛躍的に解明が進んだ。こうして，発達の研究範囲は「子どもが大人になるまで」から「受精から死に至るまで」へと拡大していった。

1980年代に入ると，ヴィゴツキーの再評価が高まり，発達における社会文化的・歴史的要因について考慮することの重要性があらためて認識されるようになった。発達や学習が，他者との関係性や文化的文脈なしには成立し得ないとする社会文化的アプローチは，第13章で紹介する文化心理学の成立にも貢献した。

(3) 発達観の変化

20世紀の後半に入り，研究対象が子どもから成人を含む生涯発達へと拡大する中で，発達に対する見方も変化した。初期の理論では，乳児期から青年期にかけては右肩上がりの変化，その後の安定不変の時期を経て，老年期に右肩下がりに変化するという一次元的な見方が主流であった。しかしながら，研究が進むにつれて，発達は必ずしも一次元的・一方向的なものではなく，多次元的・多方向的なものであると考えられるようになった。例えば，知能の発達は青年期にピークを迎え，成人期に入ると下降すると考えられていたが，その後の研究では，必ずしもそれが正しくないことを示している（後述）。また，青年期の発達課題として知られるアイデンティティ（自我同一性）も，一度確立すれば安定したままというわけではなく，生涯にわたって安定とゆらぎを繰り返すことが指摘されている。このように，現在では，発達には複数の側面があること，変化する方向性は上昇や獲得だけでなく，下降や喪失も含むこと，変化する可能性（可塑（かそ）性）は生涯にわたって続くという見方が一般的になっている。

2. 発達研究の方法：横断と縦断

発達心理学が他の心理学の分野と若干異なるのは，年齢や時間との関係の中で，人間の行動を捉えようとするところにある。人の行動や心理的傾向が，年齢とともにどう変化するかを調べる研究に加え，そうした変化がなぜ生じるのかという因果関係を追究し，予防や介入などの実践に役立てようとする研究もある。

発達的変化を捉える方法としては，横断的研究と縦断的研究がある。横断的研究とは，ある一時点で異なる年齢の人々を対象に，調査や実験を行い，その違いから発達的変化を見ていくものである。例えば，6歳児と10歳児を対象に，道徳にまつわるエピソードを聞かせ，その判断の質的違いを検討するといった研究が挙げられる。短期間で多くのデータが集められることから，発達研究の多くを横断的研究が占めている。ただし，異なる集団を比較することになるため，年齢差の大きい集団を比較するときは，出生コホート（同じ年に生まれた集団）の影響が混在しやすくなる。後述する知能の発達のように，横断的研究で何らかの変化が見られたとしても，それが単に年齢によるものなのか，出生後にそれぞれの集団が経験した特殊事情（例えば，戦争や経済不況，教育水準の向上，核家族化，高齢化，インターネットの普及）を反映しているのか等について，明確なことはわからない。

これと対照的なのが，縦断的研究である。同じ人々を対象に，一定期間ごとに調査や実験を行い，その違いから発達的な変化を見ていくものである。実施期間は，数か月という比較的短期間のものから，十年以上に及ぶ長期的なものまである。縦断的研究では，変数間の相関関係を調べ，時間的にどの要因が先行しているかによって，因果の方向性を推定することができる。しかし，横断的研究に比べると，時間や労力，費用がかかることに加え，協力者の脱落や，同じ調査内容や実験課題を繰り返すことによる練習効果などの問題が生じやすい。こうした問題点はあるものの，発達的変化を捉えていくには，縦断的研究のほうが望ましいとされる。

一例として，成人期の知能の発達に関する研究を紹介しよう。シャイエの分析によれば（Schaie, 2005），横断的研究では知能は青年期以降，徐々に衰えていくというデータが得られるが，縦断的研究では成人期の知能は安定的に保たれていることがわかっている（図8－1）。横断的研究で見られた変化は，先に生まれた世代ほど，教育期間が短いことや，知能検査に含まれるような情報処理のパターンに慣れていないという出生コホートの影響があると言われる。

図8－1　調査デザインによる知能の加齢曲線の違い（Schaie, 2005; 鈴木，2008 一部改変）

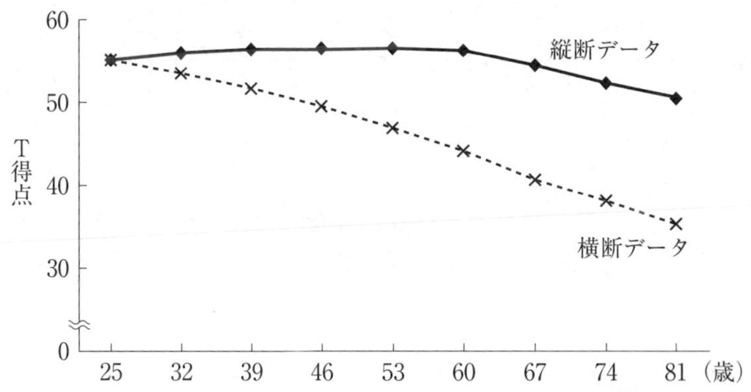

さて，図8－1に示されているのは，横断的研究もしくは縦断的研究による各年齢時点での知能の平均的な傾向である。縦断的研究では，こうした年齢に伴う変化の一般的傾向に加え，個人ごとの変化の様子を調べることもできる。すなわち，測定時期ごとに個人のデータを線でつなぐことにより，変化の道筋やそのパターンを示すことができる。

例えば，アメリカ国立子ども人間発達研究所が行った2歳から9歳までの子どもの縦断的研究によれば（NICHD Early Child Care Research

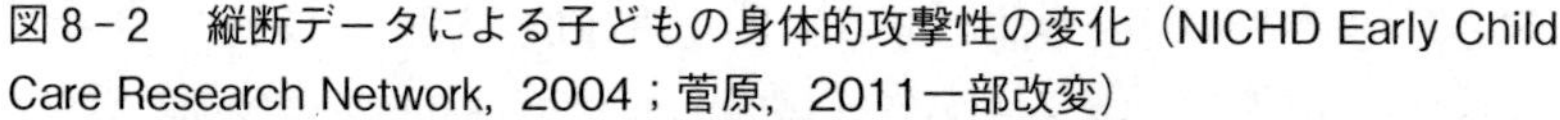
図8-2　縦断データによる子どもの身体的攻撃性の変化（NICHD Early Child Care Research Network, 2004；菅原，2011一部改変）

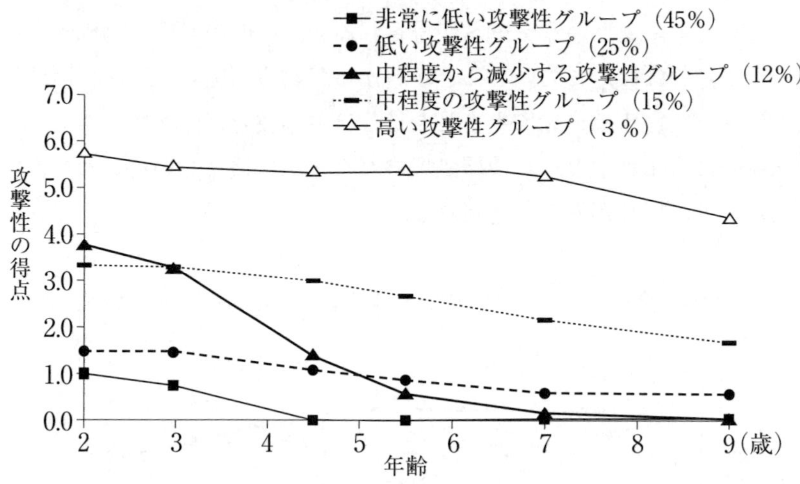

Network, 2004)，攻撃性は平均的には年齢とともに低下するものの，変化のパターンが５つに分かれることが示されている（図8-2）。

3. 遺伝と環境

発達の規定因として，古くから大きな関心を集めてきたのが遺伝と環境の問題である（第１章参照）。この点についても，時代とともに見方が変化してきた。20世紀半ばごろまでは「遺伝か環境か」と言われるように，遺伝を重視する立場（遺伝説）と生後の環境を重視する立場（経験説）が対立する傾向にあった。遺伝説の代表として，ゲゼルが唱えた成熟優位説，経験説の代表としてワトソンの行動主義を挙げることができる。これに対し，ドイツのシュテルンは輻輳（ふくそう）説を，アメリカのジェンセンは環境閾値説を唱え，発達には遺伝と環境の両方の要因が関与していると主張した。現在では，遺伝と環境とが時間軸の中で，相互に影響を与え合いながら発達が進むという相互作用説が主流になっている。

近年目覚しく発展している人間行動遺伝学では，一卵性双生児と二卵性双生児を研究対象とし，さまざまな心理的・行動的特徴に及ぼす遺伝要因と環境要因の比率を算出している。このうち，環境要因は共有環境（双生児が共有する環境で，２人を似させる要因。主に家庭環境）と非共有環境（双生児が共有していない環境で，２人を異ならせる要因。主に家庭外の環境）に分けられる。これまでのところ，心理的・行動的特徴の多くに，遺伝要因と環境要因の双方がそれぞれ４～６割程度関与していること，環境要因として大きく作用するのは非共有環境であることが示されている（安藤，2014)。

さて，発達心理学では環境要因として，親など身近な人的環境を取り上げることが多いが，ブロンフェンブレンナーの生態学的発達理論（図８-３）に示されているように，個人を取り巻く環境は多層性を持ち，互いに影響し合いながら，時間とともにダイナミックに変化している。

例えば，子どもにとっての親というのも常に同じ存在ではなく，育児をしたり，仕事をしたりすることによって変化する。また，親の仕事の状況や夫婦関係，健康状態なども，子どもの発達と相互作用する。さらに，環境要因には，玩具やメディアなどの人工物，教育や医療，福祉などの社会制度，気候や風土などの自然環境も含まれる。

遺伝と環境に加え，発達に影響を与える要因として，近年は個人の主体性も強調されるようになってきている。遺伝も環境も当初は与えられたものであり，自分で選択することはできない。しかし，人は出生前後から身近な人的・物的環境に働きかけ，さまざまな反応を引き出している。また，与えられた環境の中から，特定の刺激に注意を向けたり，自

図８－３　ブロンフェンブレンナーの生態学的発達理論（出典：Bronfenbrenner & Morris, 2006, 菅原, 2012）

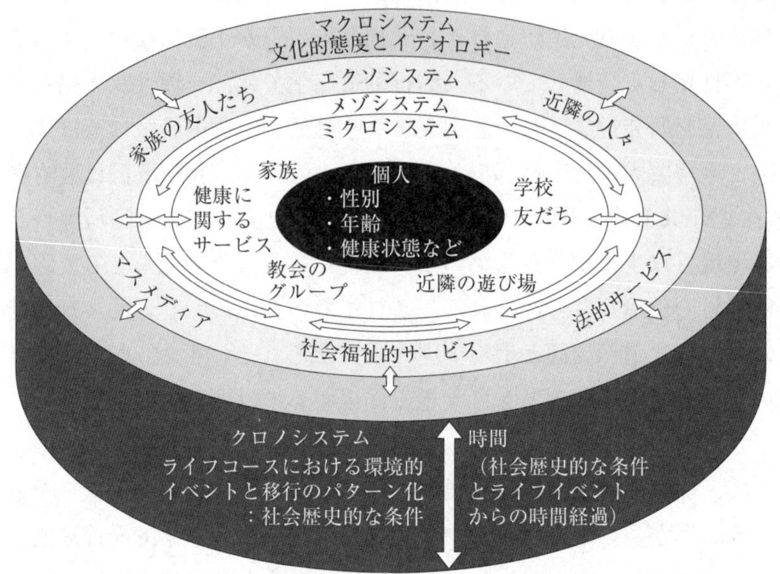

分の好きなもの（食べ物や玩具，友達，活動，場所など）を選び取ったりしている。こうした発達における主体的制御は成長とともに拡大し，やがて趣味や生活習慣，キャリア選択，対人ネットワーク等となって，その人固有の人生を形作っていく。

4．発達段階と発達課題

人生はしばしば旅に例えられる。始まりがあり，時間とともに移り変わる景色の中を歩き進む。迷いなく進むときもあれば，時に疲れて立ちどまり，途方に暮れることもある。そして，最後には誰しもが旅の終わりを迎える。ここでは，人生という旅を3つの段階—子ども（乳児期，幼児期，児童期），青年（青年期），大人（成人期と老年期）—に分け，その時期特有の発達の在り方を見ていく。

（1）子どもの発達

人生の始まりは，受精卵が誕生した瞬間にさかのぼる。胎内で過ごす約38週は胎生期と呼ばれ，その間，胎児は人間としての形態と機能を発達させていく。その後，出生により子宮の中から外へと劇的な環境の変化を経験する。最初の1か月は特に新生児期と呼ばれ，それまで母親に依存していた呼吸や体温調節，栄養摂取などを自力で行うことが課題となる。大人の助力なしに生命を維持することは難しいが，ローレンツ（Lorenz, 1950）が指摘した「乳児図式」と呼ばれるかわいらしい外見や，泣き，表情などによって周囲の人を引き付けている。また，新生児自身も人の顔や声などによく反応することがわかっている。

その後1歳半ごろまでを乳児期と呼ぶ。新生児期に引き続き，養育者の全面的な世話を必要とし，そのやりとりの中でアタッチメント（愛着）を形成する。アタッチメントとは，恐れや不安が喚起されたときに，特定の対象にくっつくことで，安心感の回復を図ろうとする心の働きである。生後半年ごろからアタッチメントの対象が限定され，その人に向けた行動が活発になる一方，知らない人に対しては人見知りを示すようになる。不安のないときは，アタッチメントの対象を安心の基地として積極的に探索活動を行う。身体と五感を使った探索活動は，乳児期特有の知能の現れであり，感覚運動期と呼ばれる。1歳から1歳半にかけて，人に特有の行動である言語（発語）と二足歩行が見られるようになる。

幼児期は，1歳半から6歳ごろまでを指す。養育者による世話に加え，仲間との遊びを通して，言語によるコミュニケーション，自己意識，情緒，社会性，認知能力，運動能力などが発達する。第一反抗期と呼ばれることがあるように，２～３歳ごろは「イヤ！」「ダメ！」といった自己主張が強くなり，時にかんしゃくを起こすこともある。思考は感覚運動期から前操作期に入り，表象（イメージ）や言葉によって考えるようになる。ただし，客観的にものごとを捉えるのは難しく，見た目に惑わされたり，自分の視点からの見え方にとらわれやすい（これを自己中心性と言う）。人や物との直接的なやりとりに加え，周囲の行動をよく見て，遊びや生活の中で再現する観察学習も行われる。幼児期の終わりには基本的生活習慣が確立し，ルールの理解が進むことから，一定の決まりに沿って行動できるようになる。

児童期は，６歳から12歳ごろまでを指す。義務教育が始まり，行動範囲や交友関係が広がってくる。主に学校での活動を通して社会化される一方，個性化も進む。大人よりも仲間の目を意識するようになり，ギャングエイジと呼ばれるような持続的で親密な仲間集団ができてくる。思考は自己中心性を脱し，より客観的な視点から自己やものごとを捉えるようになる。ピアジェの理論で言えば，おおむね具体的操作期に相当し，具体的な事物に対しては論理的な思考が可能になる。ただし，認知発達には個人差も大きく，「９歳（10歳）の壁」と言われるように，学習内容が高度化・抽象化するにつれ，つまずきを経験する子どもも出てくる。

（２）青年の発達

12歳ごろから20代ごろまでを青年期と呼ぶ。青年期は第二次性徴によって始まる。身体的発育と性的な成熟が進む時期を，特に思春期という。声変わりや発毛，初経，精通など，急激な身体の変化に伴い，心理的にも変化する。情緒的に不安定になったり，自分の外見や内面を強く意識したり，異性への関心や恋愛感情が芽生えたりする。友人との付き合いが広がり，深まる一方で，疎外感を味わうこともある。理想を追い求めて，親や教師を批判的に見るほか，自分に対しても厳しい目を向ける。第二反抗期と言われることがあるように，親に対して反抗や無視をしたり，激しい感情をぶつけたりすることもある。本格的に働くことを猶予される代わりに，将来の進路について考え，それに向けて努力することを求められる。

こうした内外の変化や圧力を経験する中で，青年は自分とは何か，どう生きていったらよいのか，という問いを抱えながら，自分らしさ（アイデンティティ）を模索する。アイデンティティとは，一貫性と時間的な連続性を持った主体的な自己が，現実の社会集団の中で認められた自己との間に一致した感覚を見出すことである。その感覚をつかむために，青年はさまざまな役割実験を試みる。

具体的には，職業体験や進学，インターンシップなど，進路に直結する行動もあれば，音楽やファッションに凝る，部活動やアルバイトに打ち込む，異性と付き合う，一人暮らしを始めるといった行動として現れることもある。こうしたさまざまな体験を通して，青年は自分にふさわしい職業や役割，将来像を模索し，社会に出る準備をする。その過程では，周囲とぶつかって，どうしてよいかわからなくなったり（アイデンティティ拡散），選択や決定を先延ばしにしたりすること（モラトリアム）も出てくる。青年期はそれが許される時期とも言えるだろう。

（3）大人の発達

いつから大人（成人）になるかは，法的に定まっていても，現実には主観的な部分も大きく，一義的に決めることは難しい。高校や大学を卒業して就職，結婚して家庭を築くといったライフコースは，もはや典型的なものではなくなりつつある。生き方の選択肢が広がり，ライフコースが多様化した反面，社会の流動性が高まり，大人としての人生を見通すことが難しくなっていることも関係していると思われる。

ともあれ，多くの人は，20代から30代にかけて何らかの仕事に就き，恋愛や結婚をしたり，子どもを持ったり，もしくはそれらについて考える。仕事にエネルギーの大半を割く人もいれば，趣味を生きがいにして，仕事はその手段と考える人もいるだろう。どのような形であれ，成人期は自分を社会の中に位置づけ，ライフスタイルを確立・維持していくことが課題となる。

40代から50代にかけては，一般に働き盛りと言われ，家庭や職場での責任が増し，複数の役割（多重役割）を担う。自分のことだけでなく，次世代を育て，導くこと（ジェネラティビティ）が課題となる。家庭で子どもを育てたり，職場で部下の面倒を見たり，次世代のためになる活動（保育や教育，ボランティアなど）に従事することが，自分自身の成長や存在意義の確認につながる。一方で，中年期危機と呼ばれるように，世代間葛藤や職業上の限界，自分自身の体力や気力の衰え，子育てと親の介護のダブルケアなど，いくつかの難題にも直面する。前だけを見て進んできた人生から，後半を見据えて，ライフスタイルを軌道修正し，アイデンティティの再体制化を図ることが必要になってくる。

60代半ばごろには，仕事からも引退し，時間的な余裕ができる一方で，親しい人との別れなど，さまざまな喪失を経験する。加齢に伴う自分自身の機能低下に適応するために，それまでのやり方を変えることが必要になってくる。例えば，体力の低下に伴い，運動を心がけたり，付き合いや活動の範囲を狭めて，自分のやりたいことにエネルギーを注ぐなどである。こうした戦略は「補償を伴う選択的最適化（SOC 方略）」と呼ばれている（Baltes et al., 1980）。一方，健康な高齢者には，経験を積んだ人ならではの知的能力（結晶性知能や英知）の発達や，肯定的な感情の増加が見られる。自分の人生を振り返り，意味づけをしながら，老いと向き合い，やがて死を迎える。こうして一人の人生は終わるが，その軌跡は次の世代に引き継がれていく。

以上，誕生から死までの人生を駆け足で見てきたが，子どもであれ，青年であれ，大人であれ，人生にはその都度新しい課題が待ち構えており，それを乗り越えていくことが発達だと言えるだろう。冒頭で述べたように，発達の見方は，時代とともに変化してきている。今後も少子高齢化が進む中で，発達（とりわけ老年期）の見方は少しずつ変化していくことが予測される。

引用文献

安藤寿康（2014）．遺伝と環境の心理学：人間行動遺伝学入門　培風館

Baltes, P. B., Rees, H. W., & Lipsitt, L. P.（1980）. Life-span developmental psychology. *Annual Review of Psychology*, 31, 65-100.

Bronfenbrenner, U., & Morris, P. A.（2006）. The bioecological model of human development. In W. Damon & R. M. Lerner（Eds.）, *Handbook of Child Psychology, Vol. 1: Theoretical Models of Human Development*（*6th ed.*）. New York: John Wiley. Pp.793-828.

Lorenz, K.（1950）. The comparative method in studying innate behavior patterns. *Symposia of the Society for the Experimental Biology*, 4, 221-268.

NICHD Early Child Care Research Network（2004）. Trajectories of physical aggression from toddlerhood to middle childhood. *Monographs of the Society for Research in Child Development*, 278, 1-146.

Schaie, K. W.（2005）. *Intellectual Development in Adulthood: The Seattle Longitudinal Study*. New York: Oxford University Press.

菅原ますみ（2011）．発達精神病理学との関係でみた研究法　岩立志津夫・西野泰広　発達科学ハンドブック第2巻　研究法と尺度　新曜社 Pp.213-228.

菅原ますみ（編）（2012）．子ども期の養育環境と QOL（お茶の水女子大学グロー

バル COE プログラム　格差センシティブな人間発達科学の創成）　金子書房
鈴木 忠（2008）．生涯発達のダイナミクス：知の多様性　生きかたの可塑性　東京大学出版会

参考文献

鈴木 忠（2008）．生涯発達のダイナミクス：知の多様性　生きかたの可塑性　東京大学出版会
向田久美子（編著）（2017）．発達心理学概論　放送大学教育振興会

学習課題

1．これまでの人生を振り返り，今のあなたに大きく影響したと思われる出来事や人物を振り返ってみよう。
2．青年期の自分と今の自分とを比較し，共通しているところ，異なっているところを探してみよう。その共通性や違いはどこに由来するだろうか。

9　臨床心理学

向田久美子

《学習のポイント》 臨床心理学は，心理学の中でも特に実践との結びつきの強い分野であり，心の問題を抱えている人の支援を主な目的としている。心の健康を保つことは，身体の健康の維持ともに，人の生涯にわたる課題の一つとなっており，その意味でも臨床心理学の果たす役割は大きい。本章では，臨床心理学の基本的な考え方と実践方法について概説する。
《キーワード》 心理アセスメント，心の病，カウンセリング，心理療法

1．臨床心理学とは

心理学を学ぶ動機として，しばしば「悩みを抱えている人の力になりたい」という声を聞く。身体の健康を損なうことがあるように，自分や家族，友人が心の不調（不安や抑うつなど）を経験したという人も多いことだろう。学校にスクールカウンセラーが配置されたり，自治体や企業が悩み相談窓口を設けるなど，カウンセラーの存在が身近になったことも関係していると思われる。そのため，心理学と聞くと，すぐに臨床心理学のことを思い浮かべる人が多いかもしれない。しかし，本書で紹介してきたように，心理学の下位分野は多岐にわたっており，臨床心理学はその一部である。さらに言えば，カウンセリングという実践活動も，臨床心理学の一部に過ぎない。

心理学の多くの分野が実証性を重んじ，行動の一般的法則を見出そうとするのに対して，臨床心理学では，心の問題を抱えている人（以下，

クライエントとする）を支援することを主な目的としており，実践なくしては学問が成り立たないところに特徴がある。また，クライエントの事情は一人一人異なるため，普遍的な理論の構築よりも，個別的な問題解決が目指されることが多い。さらに，実践にあたっては専門的な知識や技能が必要となることから，資格制度（臨床心理士や公認心理師など）とも密接に関係している。そうした点で，他の心理学の分野とは少し異なっていると言えるだろう。

「臨床」という言葉はもともと「病人の床のそばに行き，診断や治療すること」を意味している。ただし，現代では，病気になったとしても医師に来てもらうのではなく，患者自らが病院に出向くほうが一般的である。臨床心理学の実践（心理臨床）においても同様であり，通常は，クライエントに各種相談機関に来てもらうことから始まる。しかし，巡回相談のように，臨床家（カウンセラーやセラピストなど）が定期的に教育機関や福祉施設を訪問することもあれば，災害や事故が発生したとき等，クライエントのもとまで直接出向くこともある。さらには，対面だけではなく，電話やメール，SNSを使った相談活動も行われている。

こうした個別の実践活動とそれに基づく事例研究，また調査や実験などの研究を積み重ねることにより，臨床心理学の理論や技法が確立されてきた。その研究方法の系譜は3つある。1つ目はフロイトの事例研究を起源とする臨床法である。個別の事例に対する実践活動を具体的に記述する中で，精神分析やクライエント中心療法，その基盤となるパーソナリティ理論が生み出された。2つ目はパーソナリティや知能の個人差研究を起源とする調査法である。多くの人を対象に調査を行い，統計的分析にかけることで，標準的な傾向とともに逸脱傾向を明らかにする検査が開発されてきた。これらの検査は，後述する心理アセスメントに活用されている。3つ目は，心理学の伝統的な手法である実験法であり，条件づけを応用した行動療法や，認知心理学の知見を取り入れた認知療法の発展へとつながっていった。

現在では，問題を抱えている当事者への支援はもちろん，当事者を取り巻く人々へのサポートや，一般の人々を対象とした予防的なアプローチも研究や実践の対象に含まれるようになってきている。また，心理療法の効果を科学的に検証するエビデンス・ベイスト・アプローチも台頭し，「どの技法がより有効か」ではなく，「どのような問題にはどのような介入法が有効か」が議論されるようになってきている。

2. 心理アセスメント

心理臨床の活動は，クライエントがどういった問題を抱えているのか，どういう状況にあるのかを理解することから始まる。クライエントの現状や成育歴，パーソナリティ，問題の規定因などについて，情報を収集・分析する過程を心理アセスメントと言い，その分析結果に基づいて今後の方針や対応策を決定する。アセスメントは臨床家が主導して行うものだが，その過程ではクライエントは必ずしも受け身でいるわけではない。臨床家の表情や反応をよく観察し，信用できる人物かどうかを判断したり，どう反応すべきかを考えたりしている。そのため，アセスメントの過程は，その後の実践を左右する信頼関係や協働関係を築く大切な場面とも言える。

心理アセスメントには，面接法，観察法，検査法という3つの手法がある。目的や状況によって，単独で用いることもあれば，同時並行的に用いることもある。面接法では，クライエント，もしくはその身近にいる人（家族など）から対面で聞き取りを行う。主訴や相談までの経緯などについて尋ねるが，先述した信頼関係の構築という意味からも，単なる情報収集に終始するのでなく，相手の話に共感的に耳を傾けることが求められる。

観察法では，クライエントの行動（発言や動作，姿勢，表情，他者との関わりなど）について観察を行う。幼児など，言語で十分な情報を得ることが難しい場合には，遊び場面や生活場面などの観察と，養育者との面接を並行して行うことが多い。ただし，研究を目的とする場合に用いられる厳密な手法（時間見本法や場面見本法など）を取ることは少ないため，得られる情報が観察者の力量や主観に左右されやすいという問題がある。なお，言語によるコミュニケーションが可能な場合は，面接の中で同時に観察を行うことが多い。

検査法は，標準化された発達検査や知能検査，性格検査を用いて，クライエントの特徴を探るものである。標準化とは，実施法や採点法，結果の解釈の基準が明確に定められていることを指す。発達検査や知能検査では，同年齢の人と比べて，発達や知能に遅れがあるかどうかを見る。また発達や知能に遅れがある場合，どの程度の遅れなのか，領域による偏りがあるのかどうかを明らかにし，支援の方向性を決めるのに役立てる。性格検査には，質問紙法と投影法，作業検査法があり，必要に応じて用いられる（第10章参照）。このほか，子どもの情緒や行動面の問題を調べる検査や，特定の発達障害（自閉症や ADHD など）のスクリーニングを行う検査，青年や成人の抑うつ傾向を調べる検査なども多数開発されている。

3. 心の病

「心に問題を抱えている」と一口に言っても，その状態はさまざまである。話を聴いてもらうだけで気が楽になったと言う人もいれば，長期にわたるサポートや医療的・福祉的なケア，あるいは矯正教育が必要な人もいる。いじめやハラスメントに苦しんでいる人にとっては，カウンセリングや心理療法だけでなく，環境を調整していくことも重要であろう。また，本人が言葉で訴えることが難しい場合や，問題を十分に自覚していない場合は，身体症状（心身症）や行動上の問題（習癖や攻撃的行動など）として現れることが多い。そのため，周囲の人が早めに気づいて対処することが重要になってくる。このうち，子どもの習癖の例を表9－1に示す。

精神疾患を持っているかどうかを診断する基準としては，世界保健機関（WHO）が出している国際疾病統計分類（International Classification of Diseases：ICD）や，アメリカ精神医学会（APA）が発行している精神疾患の診断・統計マニュアル（Diagnostic and Statistical Manual of Mental Disorders：DSM）がよく用いられている。ICD は1900年に初版が出ており，1990年に第10版（ICD–10），2019年に第11版（ICD–11）が出されている。DSM は1952年に初版が出され，2013年に第5版（DSM–5）が出ている。ICD が身体疾患を含む疾患全般を取り上げているのに対し，DSM は精神疾患だけを扱っている。

1980年代以降，実践と研究の双方で DSM が広く用いられるようになっている。DSM では，特定の精神疾患について，原因を推定するのではなく，言語報告や観察が可能な症状をリスト化し，それにどれだけ当てはまるかに基づいて診断を行う。また，その症状がどれだけ持続しているか，日常生活に支障が出ているかどうかも，診断基準に含まれる。

こうした指標により，ともすれば主観的になりがちな診断を，より客観的に行えるという利点がある。診断の基準を示したマニュアルは市販されているが，実際に診断を行えるのは医師のみである。DSM–5に基づく主な精神疾患を表9－2に示す。

表9-1　子どもに見られる習癖（田中，2002一部改変）

身体をいじる癖（身体玩弄癖） 指しゃぶり，爪かみ，舌なめずり，鼻・耳ほじり，目こすり，抜毛，咬む，引っ掻く，引っぱる，擦る，性器いじり，自慰
身体の動きを伴う癖（運動性習癖） 律動性習癖（リズム運動）：頭打ち，首振り，身体揺すり 常同的な自傷行為 チック 多動 歯ぎしり，指ならし，身体ねじり
日常生活習慣に関する癖 食事：異食，偏食，拒食，過食，少食 睡眠：夜泣き，夜驚，悪夢，夢中遊行，就寝拒否，過剰睡眠 排泄：遺尿，夜尿，遺糞，頻尿 言語：吃音，早口，幼児語，緘黙
体質的要素の強い癖 反復性の腹痛，便秘，下痢，嘔吐，乗り物酔い，頭痛，立ちくらみ，咳嗽，憤怒痙攣（泣きいりひきつけ）
性格，行動に関する癖 抱き癖，人見知り，内弁慶
その他の習癖（非社会的など） 嘘言，盗み，金銭持ち出し，徘徊，嗜癖

診断の名称や基準は，時代とともに変化しており，概して細分化の方向に向かっている。例えば，DSM の初版では精神疾患は約60種類に過ぎなかったが，第４版では約300種類まで増えた。また，第５版では，いわゆる発達障害（正確には「通常，幼児期，小児期または青年期に初めて診断される疾患」）が神経発達症群（Neurodevelopmental

表９－２　DSM-5による主な精神疾患（日本精神神経学会，2014）

疾患名	下位分類
神経発達症群	知的能力障害，言語症，自閉スペクトラム症，注意欠如・多動症，限局性学習症，発達性協調運動症など
統合失調症スペクトラム障害および他の精神病性障害群	統合失調型（パーソナリティ）障害，妄想性障害，短期精神病性障害，統合失調症様障害，統合失調症など
双極性障害および関連障害群	双極Ⅰ型障害，双極Ⅱ型障害，気分循環性障害など
抑うつ障害群	重篤気分調節症，うつ病，持続性抑うつ障害など
不安症群	分離不安症，選択性緘黙，限局性恐怖症，社交不安症，パニック症，広場恐怖症，全般不安症など
強迫症および関連症群	強迫症，醜形恐怖症，ためこみ症，抜毛症，皮膚むしり症など
心的外傷およびストレス因関連障害群	反応性アタッチメント障害，脱抑制型対人交流障害，心的外傷後ストレス障害，急性ストレス障害，適応障害など
身体症状症および関連症群	身体症状症，病気不安症，変換症，作為症など
食行動障害および摂食障害群	異食症，反芻症，神経性やせ症，神経性過食症，過食性障害など
睡眠-覚醒障害群	不眠障害，過眠障害，ナルコレプシーなど
秩序破壊的・衝動制御・素行症群	反抗挑発症，間欠爆発症，素行症，反社会性パーソナリティ障害など

Disorders）という名称に変わっている。医学や心理学における実証的なデータが積み重ねられるにつれ，また社会の変化や要請を受けて，少しずつ名称や区分が変化してきていると言える。逆に言えば，現行の診断基準が必ずしも絶対的なものではなく今後も変化していく可能性があると考えられる。また，先述した習癖や，不登校，引きこもりなどのよ

うに，必ずしも精神疾患に分類されない不適応もある。

多様な症状を分類し，名称をつけることは，疾患を秩序立てて理解するだけではなく，それぞれに応じた適切な治療法や対処法を見つけ，原因を究明する研究の進展にもつながる。その一方で，症状に名称がつけられることによって，その人を見る目にバイアスがかかったり（Rosenhan, 1973），過剰診断や過剰投与の原因にもなるという批判も出されている（Frances, 2013）。また，精神疾患の現れ方や捉え方は，文化によって異なることも言い添えておく（Marsella & Yamada, 2007）。

4．心理療法

心の病や不調に至る原因はさまざまである。図 9－1 に示すように，生物学的要因，心理学的要因，社会文化的要因の 3 つが複雑に絡み合っ

図 9－1　精神疾患の原因（マイヤーズ，2015）

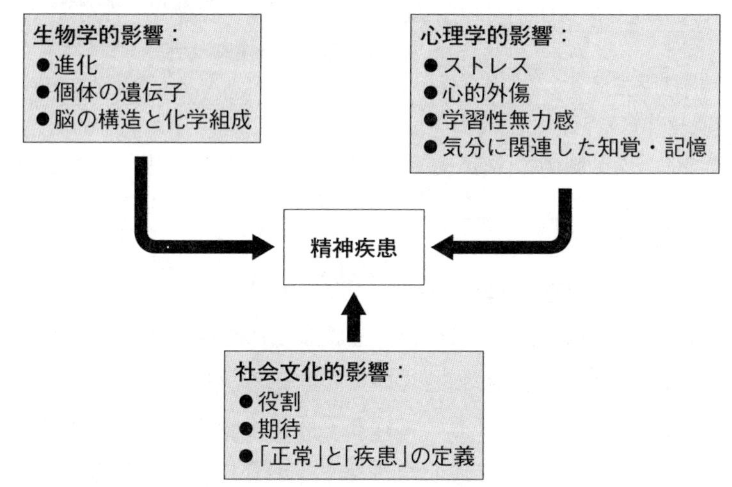

て生じる。こうした見方を生物—心理—社会モデル（Bio-Psycho-Social Model）という。それぞれの要因や問題の現れ方は，一人一人異なるため，対処法もそれに合わせていく必要がある。

心理療法は，そうした個別の事情を抱える人に対して，訓練を受けた臨床家が，心理学的技法を用いて心の健康の回復や成長を支援することを指す。基本的には，臨床家とクライエントが1対1で話し合う面接という形態を取る。カウンセリングはその1つであり，比較的健康度の高いクライエントを対象に実施されている。疾患の種類や症状の重さによっては，医療的ケア（薬物療法）や環境調整を行う必要があるため，他機関との連携も求められる。心理療法のアプローチは400以上あるとされるが（岩壁，2014），実際には単一の手法よりも，いくつかを組み合わせた折衷的なアプローチが取られることが多い。

ここでは代表的な4つの技法と理論を紹介する。

（1）精神分析療法

心理療法の先駆けとなったのが，フロイトが19世紀末から20世紀初頭にかけて創始した精神分析である。精神分析の立場では，心（パーソナリティ）の構造を，エス（イド），自我，超自我という3層に分けて考える。エスは，無意識的・本能的なエネルギーから成り，不快を避け，快を求める快楽原則に基づいて機能する。自我はエスから分化したものであり，現実原則に従って，意識的にエスの機能を調整し，現実への適応を図ろうとする。超自我は，養育者のしつけや社会の要求を内面化する形で形成され，道徳原則に則って機能する。これらの3つの機能は相互に力動的に関わっており，それらの無意識レベルでの葛藤が心の病をもたらしていると考える。

精神分析療法では，そうした無意識レベルでの葛藤を意識化することにより，抑圧された感情を解放し，クライエントが自己洞察できるようになることをめざす。意識化にあたっては，主に自由連想法が用いられ，クライエントは心に浮かんだことを自由に話すよう求められる。セラピストはクライエントの話す内容や，話したがらない内容を分析し，解釈することで，クライエントの気づきを促す。

フロイトは，リビドー，自我，抑圧，防衛，転移，エディプス・コンプレックスといった新しい概念を次々と生み出し，無意識，特に幼少期の経験の抑圧を非常に重視した。21世紀に入った現在では，フロイトの理論のうち，幼児期決定論や記憶の抑圧に対しては否定的な見解が多く出されているが，人の心に無意識的な働きがあること，不安や脅威に対してさまざまな防衛が働くことは実証されてきている（Myers, 2013）。フロイトの理論・技法はその後，アドラーの個人心理学やユングの分析心理学など多くの学派に分かれ，時として対立を生みながらも，より現実に即した形でのアプローチへと発展してきている。

（2）クライエント中心療法

1930年代のアメリカで行われていた心理療法は，相談を受ける人のことをペイシェント（患者）と呼び，診断・解釈・助言を行う権威主義的なものであったという。ロジャーズはそれに反発して，クライエント（来談者）という呼称を用い，非指示的カウンセリングを提唱し，後にクライエント中心療法として発展させた。

クライエント中心療法では，人間には自ら成長しようとする力と，自己実現を目指す傾向が備わっていると考える。セラピストはそれを発揮できるよう，クライエントに対して，①共感的理解，②無条件の肯定的配慮，③自己一致（心の中と行動が一致していること。純粋性とも言う）を伝えていく。また，クライエントの話を復唱したり，言い換えたり，意味を明確化しながら，共感的に話を聴くこと（積極的傾聴）も求められる。このような受容的関係の中で，クライエントは防衛的でなくなり，自分の感情を自由に表現し，自己理解を深めていくとされる。

クライエント中心療法は，クライエントの心理的葛藤を軽減し，自己洞察をめざす点では精神分析療法と同じだが，クライエント自身の力を信頼する点，病気を治すというより成長を促すことに焦点を当てている点，過去の無意識的な経験よりも現在の意識的な思考を重視する点において異なっている。これらは人間性心理学（第１章参照）の中核をなす考えでもある。

クライエント中心療法の３大要素（共感的理解，無条件の肯定的配慮，自己一致）については治療効果も確認されており，カウンセリングをはじめ，対人援助の基本的な技法として，幅広い分野で使われている。

（３）行動療法

行動療法は，クライエントの内的な洞察を目指すのではなく，問題となっている行動そのものを変えようとするアプローチであり，1960年代に発展した。行動療法では，クライエントの抱える問題を学習された行動（第４章参照）と見なし，その変容を引き起こすことによって，問題の解決や心理的苦痛の軽減を図ろうとする。

古典的条件づけを応用して（第４章参照），望ましくない反応を抑制していく技法として，曝露（ばくろ）療法（エクスポージャー）がある。不安を起こす刺激に対して，想像上で，あるいは実際に曝露することによって，慣れを起こし，不安を克服していくものである。曝露療法の一つである系統的脱感作（だつかんさ）では，クライエントに不安や恐怖を感じるものを列挙してもらい，それを弱いものから強いものへと並べていく。一方で，リラクセーション（漸進（ぜんしん）的筋弛緩法など）の訓練を行う。完全にリラックスできるようになったら，クライエントにまず不安刺激の弱いものをイメージしてもらう。その刺激に対して不安を感じなくなったら，次の段階の不安刺激をイメージしてもらう。このように段階的にステップを踏むことによって，より大きな不安を克服していく方法であり，不安症や恐怖症の治療に広く使われている。

道具的条件づけ（第４章参照）を活用した技法では，望ましい行動に正の強化子を与え，望ましくない行動に負の強化子を与えることで，行動の形成や修正を促す。子どもをしつけるときなど，日常的に使われている手法である。家庭では正の強化子としてお菓子や玩具，負の強化子として罰が用いられることもあるが，こうした強化子の慢性的な使用は問題を引き起こしやすいため，臨床現場では，主に賞賛と注目を強化子として用いる。この方法は，行動面に問題のある子どもに対処するためのペアレント・トレーニングなどで使われている（図９−２参照）。

また，問題行動を環境との相互作用の中で捉えようとする応用行動分

図９−２　ペアレント・トレーニングにおける対処法（北，2007）

現在できている好ましい行動 （例）おはようと言う，歯を磨く，着替えをする，など	好ましくない行動 （例）騒ぐ，わめく，ぐずる，話に割り込む，へ理屈をいう，など	危険な行動（許し難い行動） （例）人を傷つけるような行動，自分や他者への暴力，暴言，ものを壊す，など
↓	↓	↓
ほめる 肯定的な 注目をする	無視する＝待つ 中立的 注目を取り去る	制限を設ける 断固，公正に 非身体的

析も，学習理論に基づくアプローチである。具体的には，行動の綿密な観察や報告に基づき，「先行要因―（問題）行動―随伴要因」の三項随伴性を明らかにする。こうすることで，個に応じた問題解決策を立てやすくなり，またチームで対応することが可能になる。また一事例実験計画を用いて，介入の効果を確かめることもある。

（４）認知療法

認知療法は，クライエントの行動というよりは，ものの見方（認知）を変えることで，苦痛を和らげたり，問題を解決しようとする技法である。認知心理学の隆盛を受けて，1970年代ごろから広まった。認知療法では，ある場面で生じる感情や行動は，その原因となった出来事そのものではなく，出来事をどう捉えるかという認知が影響していると考える。同じ出来事（例えば，就職試験に落ちるなど）を経験しても，より強く，長くストレスを感じる人もいれば，一時的に落ち込むだけの人もいる。

ベックらによれば，うつ病の人は，不合理で偏った自動的思考をする傾向があり，そのため，過度に否定的な感情（怒りや落ち込み，不安，悲しみなど）を経験しやすいという（Beck, et al., 1979）。その感情がさらに不適切な行動や思考を促し，悪循環に陥りやすいとされる。認知療法では，そうした偏った思考に働きかけ，より前向きで現実的な考え方ができるよう援助する。思考の偏りの例としては，否定的な側面の過大視，過度の一般化，自己関連づけ，二者択一的思考，破局的思考などが指摘されている。

近年は，先述した行動療法と組み合わせた認知行動療法が広く用いられている。面接場面でのセラピストとのやりとりに加え，面接外でもセルフ・モニタリング（日々の出来事とそのときの思考，感情について記録をつけるなど）を行い，思考の偏りを修正したり，肯定的な感情が生まれるような行動を多く取るようにしていく。

また，マイケンバウム（Donald H. Meichenbaum：1940-）によって提唱された自己教示訓練法もある。これは，行動の多くは認知（思考や言語）によってコントロールされている点に着目し，そうした認知に関する自己教示を変えることで，セルフ・コントロールを高めていく方法である。例えば，試験前に「他の人はみんなうまくやっているのに，自分は覚えるのが苦手だし，すぐ緊張してしまうからだめだ」と考えて自滅的な行動を取るのではなく，「落ち着こう。試験は難しいかもしれないが，少しずつ勉強していけばいい。それに単位を取るのに100点を取る必要はない」など，自分に向かって適切な教示を行い，より適応的な行動がとれるようにしていく。

ただし，一般に，長年培ったものの見方や行動パターンを変えていくのは容易ではなく，それなりの時間とエネルギーを要する。クライエントに抵抗が生じる可能性もあるため，セラピストはクライエントの様子を注意深く見守りながら，働きかけていく必要がある。

ここまで代表的な４つのアプローチを紹介してきたが，他にも家族療法や集団療法などがある。多くの心理療法が個人の内面に焦点を当てるのに対し，家族療法では，家族をシステムとして捉え，関係性の中で問題を把握し，解決を図ろうとする。集団で心理療法を行う集団療法では，１対１では得られない効果が期待される。例えば，自分と同じように悩んでいる他者の存在を知ることは安心感や励みにつながるし，他者と直接やりとりすることは社会的スキルのトレーニングにもなる。集団療法の一形態として，断酒会のように，当事者同士が支え合い，問題解決をめざす自助グループもある。

引用文献

Beck, A. T., Rush, A. J., Shaw, B. F., & Emery, G. (1979). *Cognitive Therapy of Depression*. New York: Guilford Press.

Frances, A. (2013) *Saving Normal: An Insider's Revolt against Out-of-control Psychiatric Diagnosis, DSM-5, Big Pharma, and The Medicalization of Ordinary Life*. New York: Harper Collins. (フランセス, A. 大野 裕 (監修) 青木 創 (訳) (2013). 〈正常〉を救え―精神医学を混乱させるDSM-5への警告―　講談社)

岩壁茂 (2014). 心理療法の歴史・発展・統合　下山晴彦 (編集代表) 誠信　心理学辞典〔新版〕誠信書房　Pp.362-365.

北 道子 (2007). ペアレントトレーニング　小野次朗・上野一彦・藤田継道 (編著) よくわかる発達障害―LD・ADHD・高機能自閉症・アスペルガー症候群　ミネルヴァ書房　Pp.72-75.

Marsella, A. J., & Yamada, A. M. (2007). Culture and Psychopathology: Foundations, Issues, and Directions. In S. Kitayama, & D. Cohen (Eds.), *Handbook of Cultural Psychology*. New York: Guilford Press. Pp. 797-818.

Myers, D. G. (2013). *Psychology, Tenth edition*. NY：Worth Publishers. (マイヤーズ, D. G.　村上郁也 (訳) (2015). カラー版　マイヤーズ心理学　西村書店)

日本精神神経学会 (監修) 高橋三郎・大野 裕 (監訳) (2014). DSM-5　精神疾患の分類と診断の手引　医学書院

Rosenhan, D. L. (1973). On being sane in insane places. *Science*, 179, 250-258.

田中康雄 (2002). 習癖異常　山崎章資・牛島定信・栗田 広・青木省三 (編著) 現代児童青年精神医学　永井書店　Pp.391-396.

参考文献

岩壁 茂・福島哲夫・伊藤絵美 (2013). 臨床心理学入門：多様なアプローチを越境する　有斐閣

倉光 修 (編著) (2020). 臨床心理学概論　放送大学教育振興会

学習課題

1．臨床家が活躍している領域には，どのようなものがあるか調べてみよう。
2．悩みや問題を抱えている人を支えていく上で，心理臨床の専門家にしかできないこと，専門家以外の人ができることを整理してみよう。
3．心の不調を予防するためには，どのようなことに気をつけたらよいだろうか。身近な人と話し合ってみよう。

10 パーソナリティ心理学

向田久美子

《学習のポイント》 パーソナリティ心理学は，主に人の性格について研究する領域である。自分や他者がどのような人物であるかを知ることは，日常生活ではもちろん，進学や結婚，就職などのライフイベントにおいても重視される。本章では，古典的な理論から最新の知見に至るまで，パーソナリティの捉え方について概説する。

《キーワード》 類型論，特性論，ビッグファイブ，人―状況論争，ライフストーリー，性格検査

1．パーソナリティとは

（1）パーソナリティ

第1章で述べたように，心理学は，人間一般の心や行動の原理（法則性）を見出すことを目的としている。しかしながら，人には個人差や個性があるのも事実である。一人一人の外見が異なるように，体質も性格も能力も行動もそれぞれ違っている。そのため，同じ状況に置かれても，全ての人が同じように反応するとは限らない。例えば，同じことを言われても，怒る人もいれば，落ち込む人もいるだろう。ある仕事に向いている人もいれば，向いていない人もいるだろう。こうした個人差は，他人同士はもちろん，同じ親から生まれたきょうだいにおいても見られる。

さまざまな個人差のうち，主に性格に関する側面をパーソナリティ

（personality）と呼ぶ。パーソナリティの語源は，ラテン語で仮面を意味するペルソナ（persona）である。古代のギリシャ演劇では演じる役割によって仮面を付け替えており，やがてそれが個人特有の行動様式や考え方，すなわちパーソナリティを意味するようになっていった。

日本語では，パーソナリティは人格や性格と訳されることが多い。ただし，「人格者」という言葉に象徴されるように，人格には道徳的なニュアンスが含まれているため，かつては性格という言葉が用いられることが多かった。近年では，原語を片仮名で記したパーソナリティをそのまま用いることが増えている。なお，日本語の人格と同じように道徳的・倫理的意味を持つ個性のことを，英語ではキャラクター（character）と呼んでいる。

では，パーソナリティとはいったい何か。心理学者のオルポートは，パーソナリティを「精神身体的体系を持った個人内の力動的体制であって，その個人特有の環境への適応を決定するもの」と定義した（Allport, 1937）。この定義は，現在も広く使われている。まず「精神身体的体系」とあるように，パーソナリティは精神的な側面だけで成り立つものではなく，身体的・神経的な基盤を持っている。また，「力動的体制」とあるように，静的で固定的なものではなく，状況や経験によって動的に変化する可能性を秘めている。さらには，「環境への適応を決定する」とあるように，パーソナリティは生存への機能的な意味を持っている。ただし，後述するように，パーソナリティが「個人内」に存在すると言えるかどうかについては，その後異論も出された。いずれにせよ，一人一人が環境に適応するやり方（行動や考え方，感じ方）は異なっており，そうした個人差を追究しようとするのが，パーソナリティ心理学である。

（2）気質

パーソナリティの萌芽はすでに乳児期から見られる。トーマスらは，9つの指標（活動水準，周期性，接近―回避，順応性，敏感性，反応の強さ，機嫌，散漫性，持続性と注意）に基づき，乳児の約40％が「扱いやすい子ども」，約10％が「扱いにくい子ども」，約15％が「エンジンがかかりにくい子ども」に分かれることを見出した（Thomas & Chess, 1977）。なお，残りの35％は上記のいずれにも当てはまらない「平均的な子ども」として位置づけられている。このように生得的で，生物学的な基盤を持つ個人差のことを，気質（temperament）と呼ぶ。何を気質の指標とするかについては，研究者によって若干異なるものの，情緒性，自己統制性，活動水準の3つに集約されることが多い。

子どもは特定の気質を持って生まれ，周囲の環境と相互作用を重ねながら，独自のパーソナリティを築いていく。パーソナリティには生涯を通じた安定性が見られる一方，環境（経験）によって，また本人の主体的努力によっても変化する。

2．類型論と特性論

（1）類型論

人々の間に違いを認め，それを分類しようとする試みは，心理学が成立するはるか以前，古代ギリシャ時代から行われていた。医学の祖として知られるヒポクラテス（Hippocrates：紀元前460-紀元前375頃）は，人間の身体には4種類の体液（血液・粘液・黄胆汁・黒胆汁）があるとし，それらの配合が体質の個人差を生み，その配合に変調が生じると疾患に至ると考えた。その後，この議論を気質（今で言うパーソナリティ）に拡大したのが，古代ローマ時代の医師ガレノス（Galenus：129-200頃）

である。4種の体液のうちどれが優位であるかによって，多血質（楽観的で社交的），粘液質（冷静で堅実），黄胆汁質（精力的で短気），黒胆汁質（憂うつで慎重）に分けることができると考えた。

こうした体液に基づくパーソナリティの分類は，現代では科学的根拠のないものとされているが，人をいくつかの典型的なタイプに分けて捉える見方は類型論と呼ばれ，のちの精神医学や心理学に引き継がれることになった。その代表的な例が，ドイツのクレッチマーが提唱した体型によるパーソナリティの分類である（Kretschmer, 1921）。彼は，臨床経験を通して，精神分裂病（現在の名称は統合失調症）は細長い体型の人に多く，躁うつ病（現在の名称は双極性障害）は肥満型の人に多いことを見出し，パーソナリティと体型の関連を指摘した。具体的には細長型の人は分裂気質（非社交的，きまじめ，用心深いなど），肥満型の人は躁うつ気質（社交的，親切，気立てがよいなど）であるとし，のちに，がっちりした体格の闘士型の人を粘着気質（かたい，几帳面，精力的など）として追加した（図10－1）。

この分類は，臨床例から導き出されたものであるが，のちにアメリカの心理学者シェルドンが一般の男子大学生を対象に大規模な追試を行っ

図10－1　3種類の体型と気質（Kretschmer, 1921; 小塩，2010一部改変）

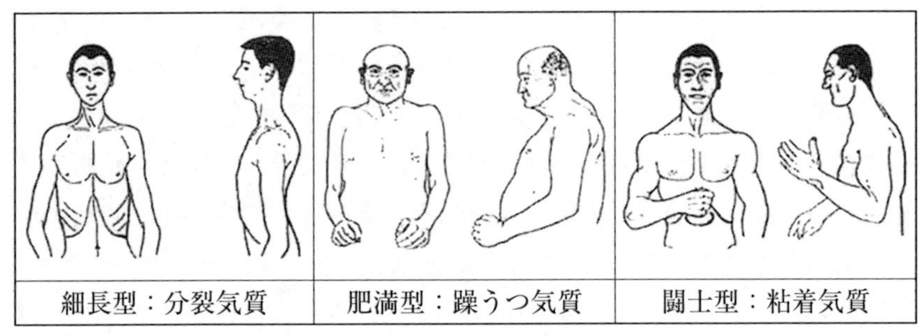

た（Sheldon, 1942）。学生の体型を外胚葉型，内胚葉型，中胚葉型に分類し（それぞれ細長型，肥満型，闘士型に相当する），各タイプのパーソナリティ傾向がクレッチマーの主張とおおむね一致することを見出した。

しかしながら，今日では，体格とパーソナリティの間に一貫した傾向を見出すのは難しくなってきている。20世紀の半ば以降，生活環境や労働の質が大きく変化し，肥満が増加する一方，痩せていることをよしとする文化的価値の広まりもあって，体型のあり方が多様化し，体型とパーソナリティを結びつけるのを難しくしていると思われる。

一方，体型とは無関係の類型論もある。ユングは，心のエネルギーが外部に向かう人を外向型，内部（自分自身）に向かう人を内向型と呼び，前者が社交的で決断力や行動力に富むのに対し，後者は控え目で粘り強く，空想にふける傾向があるとした（Jung, 1921）。また，シュプランガーは，人がどの領域に価値を置いて生活するかによって，経済型，理論型，審美型，宗教型，権力型，社会型に分かれると論じた（Spranger, 1914）。

こうした類型論は，個人の特徴を直観的・全体的に把握するのに便利だが，限られた数のタイプに当てはめようとするため，ステレオタイプ的な見方につながったり，複数のタイプにまたがっている人や，どれにも当てはまらない人には適用できないという問題がある。しかしながら，有史以来，人をいくつかのタイプに分けて捉えようとする試みがなされてきたことは，世界を秩序立てて理解し，情報処理にかかる負荷をできるだけ減らそうとする人間の根源的な性質をよく示していると言えるだろう。

（2）特性論

類型論がドイツをはじめとするヨーロッパで盛んであったのに対し，特性論はアメリカを中心に発展した。特性論とは，複数のパーソナリティ特性について量的に測定し，各次元における個人の位置を示すことで，パーソナリティの全体像を捉えようとする立場を指す。

人のパーソナリティを表す特性として日頃よく使われているのは，明るい，まじめ，短気，面白い，親切，変わっている，などであろう。学問としてパーソナリティ特性を明らかにするために，オルポートらが最初に行ったのが，辞書からパーソナリティを表す単語を拾い出すという作業であった。その結果，17,953語が見つかり，そこから代表的な単語に絞り込んでも約4,500語になったという（Allport & Odbert, 1936）。

パーソナリティ特性をたくさん提示し，各次元における個人の値を示したとしても，それだけではモザイク状の情報に過ぎず，個人の全体像をつかむことは難しい。そのため，当時発展しつつあった因子分析という統計的手法を用いて，パーソナリティ特性をいくつかの次元にまとめようとする研究が盛んになった。イギリスのアイゼンクは，神経症患者を対象とした調査から，パーソナリティ特性は「外向性—内向性」と「情緒的安定性—不安定性」という２つの次元にまとめられるとし，モーズレイ人格検査（MPI）を開発した（Eysenck & Eysenck, 1969）。アイゼンクの理論は，特性をベースとしながらも，その組み合わせによって類型的な見方もできるようになっている。

1990年代に入ると，多くの実証データに基づき，パーソナリティは最終的に５つの因子（ビッグファイブ）にまとまるという考え方が主流になってきた。その５つとは，開放性（Openness to experience），誠実性（Conscientiousness），外向性（Extraversion），調和性（Agreeableness），神経症傾向（Neuroticism）である。英語の頭文字を取って，OCEAN

表10-1　ビッグファイブの各特性

特性名	特徴的な傾向
開放性 (Openness to experience)	新奇なもの，芸術的なものに関心が高い。知的好奇心が強く，伝統や権威に疑問を投げかける。想像力が豊かで，ものごとの多様性や複雑性を許容する。
誠実性 (Conscientiousness)	倫理的で規則を順守する。意志の力で欲求や衝動性をコントロールし，目標に向かって計画的にものごとを進める。きちんとしており，人から信頼されやすい。
外向性 (Extraversion)	人が好きで，よく話し，人が集まるところに積極的に出かける。刺激や興奮を好み，活動的でペースが速い。また，決断力があり，上昇志向が強い。
調和性 (Agreeableness)	人に対して同情的で，積極的に援助をする。寛容で慎み深く，対立を避け，人間関係の安定や調和を優先するため，人から好かれやすい。
神経症傾向 (Neuroticism)	不安や抑うつ感が強く，ストレスへの対処が苦手である。非現実的な思考を行いがちで，欲求不満や怒り，劣等感や羞恥心を感じやすい。

モデルとも呼ばれる。それぞれの具体的特徴を表10-1に示す。ビッグファイブを測定する代表的な尺度としては，NEO-PI-Rや，その簡略版であるNEO-FFIがある（Costa & McCrae, 1992）。

3. パーソナリティの安定性と変化

（1）人―状況論争

特性論に基づく研究が進む中で，パーソナリティ特性は行動をどこまで予測できるのか，人の行動にはどれだけ状況を超えた一貫性があるのか，またパーソナリティは個人の中に内在する，安定したものと言えるのかどうかが議論されるようになった。この「人―状況論争」は，アメリカのミシェルによる問題提起を発端とし（Mischel, 1968），1970年代から80年代にかけて盛んに行われた。当時，パーソナリティ研究者の多くは，状況に左右されない，安定したパーソナリティの存在を仮定していたが，社会心理学者による実験（服従実験など）は，それと一致しない結果，すなわち人の行動が状況によって左右されることを次々に明らかにしていった（第11章参照）。ミシェルは，人の行動が状況を超えて一貫しているという証拠が少ないこと，また自己評定によるパーソナリティと実際の行動との間には中程度の相関関係しか見られないことを指摘し，特性評定による行動予測の有効性や，状況を超えたパーソナリティの一貫性に疑問を投げかけたのである。

その後，行動に及ぼす状況要因の影響が広く認められる一方で，ビッグファイブに代表されるパーソナリティ特性の安定性や，行動の予測力も明らかにされるようになり，論争は終焉を迎えた。マクアダムズらは，パーソナリティには安定した側面と変化しやすい側面があるとし，前者はいわゆるパーソナリティ特性，後者は環境への適応の仕方（動機づけや目標，価値，認知様式など）に現れるとした。これらの2側面に加え，個人が語るライフストーリーも，パーソナリティを表す重要な指標として位置づけている（McAdams & Pals, 2006）。ライフストーリーとは，自分の過去・現在・未来についての連続した物語であり，日々書き換えられながらも，個人に一貫したアイデンティティを与える機能を持つと言う。

近年は，こうしたナラティブ・アプローチのほか，パーソナリティの進化上の意味を考える進化心理学的アプローチ，質問紙ではなく部屋や音楽の好みなどを指標とするアプローチ（Gosling, 2008），さらには動物のパーソナリティ（個体差）を調べる研究など，多様なアプローチによる研究が展開されている。また，パーソナリティの全体像ではなく，特定部分（シャイネスや共感性，楽観主義など）に着目することで，行動の予測を試みる研究も数多くなされている。

（2）遺伝と環境

第８章で触れたように，パーソナリティも遺伝と環境の相互作用により発達する。一般に，扱いやすい気質を持つ子どもは，周囲から穏やかで温かい養育を引き出しやすいのに対し，扱いにくい気質の子どもは養育者を困惑させたり，いらだたせたりしやすい。しかし，実際には，子どもの気質だけが養育行動を決定づけるわけではなく，養育者自身の成育史やパーソナリティ，健康状態，子どもと養育者を取り巻く環境（きょうだい，配偶者，仲間，親族，職場や地域，保育・教育制度や就労システム）も，養育行動に影響を与える（菅原，2003）。

こうして，遺伝と環境はともに影響を与え合いながら，個人に固有のパーソナリティを形作っていく。人間行動遺伝学の研究によれば（第８章参照），ビッグファイブをはじめとするパーソナリティ特性の個人差を説明する要因として，遺伝が約40～50％，非共有環境が約50～60％となっており，共有環境の影響はほとんど見られない。このことは，同じ家庭に育ったからといって，子どものパーソナリティが同じようになるわけではないことを示している。

成長に伴い，人は自分に合った環境を選ぶようになる。その環境がまた，個人のパーソナリティの発達に影響する。このような双方向的な関係は，生得的な気質を強める方向に働く可能性があるが，逆に言えば，環境や行動を変えることによって，パーソナリティが変化する可能性もある。例えば，ある人が自分のことを内気だと自覚していて，それを変えたいと思っていたとする。具体的には，人のたくさんいる場所に出かけてみたり，初対面の人に自分から話しかけるといった努力をする。初めはうまくいかなくても，徐々に話すことに慣れ，スキルと自信が身についてくる。同時に，その人に対する周囲の見方や反応も変わってくる。その結果，パーソナリティがより外向的なものに変化していくと言う（Wilson, 2002）。

自分で環境を変えるのが難しい場合は，周囲が環境を整えるという方法もある。抑うつや非行などの不適応に陥っている人に対しては，通常，カウンセリングや矯正教育が行われる。一方，そうした人々を支援の対象としてではなく，支援の提供者として位置づけるプログラムもある。アメリカのあるプログラムでは，逸脱行動のリスクの高いティーンエイジャーに，高齢者の介護や子どもの家庭教師，地域の清掃といったボランティア活動に参加してもらった。すると，早期の妊娠や学校からのドロップアウトといった逸脱行動が減少したという（Allen, et al., 1997）。これは，人の役に立ち，感謝される経験を積むことで，疎外感や無力感に覆われていた自己イメージが，有能さや責任感，面倒見のよさといったポジティブなイメージに変わっていったためではないかと考えられている。

（3）パーソナリティの成熟

オルポートは，成熟したパーソナリティの指標として，①自己意識の拡大，②他者との温かい関係，③情緒的安定（自己受容），④現実的な認知と問題解決のスキル，⑤自己客観視（洞察とユーモア），⑥統一した人生観，の6つを挙げた（Allport, 1961）。その後の実証研究は，この見解を概ね支持している。個々のパーソナリティは生涯を通じて安定した傾向を持ち，その安定性は年齢とともに高まる一方で（Roberts & DelVecchio, 2000），平均して見ると，成人期以降，自信や責任感，温かさや冷静さ，誠実性や調和性，情緒的安定といったポジティブな特性が増すことが示されている（Srivastava, et al., 2003）。久しぶりに会った友人や知人に，「大人になったね」と言われたことのある人も多いことだろう。

こうしたパーソナリティの成熟には，成人期特有の経験が関連している。この時期に，多くの人は職業を定め，家庭を築き，社会的な影響力を行使する（第8章参照）。仕事をこなし，同僚や上司・部下とうまくやっていくために，また夫婦関係を維持したり，子どもを育てていくためには，自分の感情を制御することはもちろん，誠実にふるまうことや，相手を気遣ったりすることが求められる。さらに，さまざまな問題を粘り強く，建設的に解決することも必要である。このような体験の積み重ねが，人としての成熟を促すと考えられる（Funder, 2010）。

近年は，先述したライフストーリーに基づいて，パーソナリティの変化や成熟を捉える研究も盛んになってきている。例えば，悪い出来事があってもそれにポジティブな意味を見出すことのできる人は，高いジェネラティビティや主観的幸福感をあわせ持つと言う（McAdams, 2006）。他にも，困難な人生体験を精緻に語ることのできる人には，パーソナリティの成熟が認められるなど，語りを通して経験を意味づけるプロセスが，洞察や知恵，成熟をもたらすことを示した研究は少なくない。人生における転機となる出来事，とりわけ困難な出来事に出会ったとき，人はライフストーリーを語り直すことによって新たな事態への適応を図り，その過程においてパーソナリティが発達していくものと思われる。

4. パーソナリティの測定

パーソナリティを測定する検査（性格検査）には，質問紙法と投影法，作業検査法がある。標準化された性格検査では，適用される母集団から抽出された標本（サンプル）について基準尺度が構成されており，検査を受けた人の集団の中での位置づけを知ることができる。

質問紙法は，特定の行動傾向に関する複数の質問項目への回答を通して，対象者のパーソナリティを明らかにしようとする手法である。先述したMPIやNEO-PI-Rのほか，MMPI（ミネソタ多面的人格目録検査），矢田部ギルフォード性格検査（YG性格検査），TEG Ⅱ（東大式エゴグラム）などがある。実施が比較的容易で，採点も客観的になされるという長所がある一方，回答に意識的・無意識的な歪曲（社会的望ましさなど）が入りやすいという問題がある。

投影法は，あいまいで多義的な刺激に対して自由に反応してもらうことにより，対象者の深層心理に迫ろうとする手法である。インクのしみに対する反応を見るロールシャッハ・テスト（図10－2参照），あいまいな絵を見て物語を作ってもらう絵画統覚検査（TAT），「子どものころ，私は…」などの未完成の文章を完成してもらう文章完成法（SCT），欲求不満への対処場面に台詞を書き込む絵画欲求不満テスト（PFスタ

図10－2　ロールシャッハ・テストの刺激に似せた図版（南風原，2017）

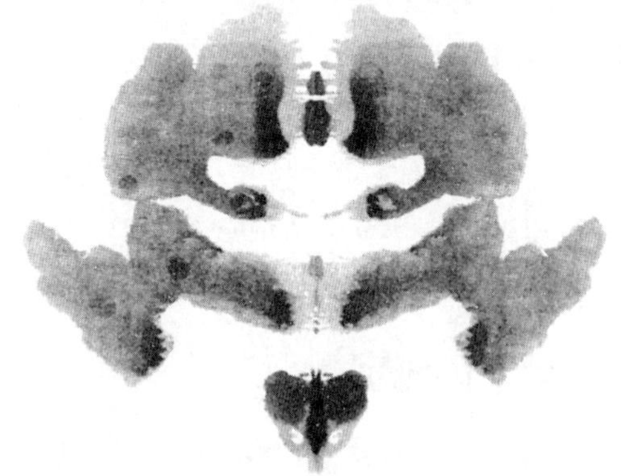

ディ），紙に一本の木を描くバウムテスト（樹木画テスト）などがある。質問紙法とは異なり，何を求められているかがわかりにくく，回答が自由であることから，パーソナリティを多面的に，深く捉えられるという長所を持つ。一方で，実施にあたっては，専門的な知識や技能，経験を必要とするほか，結果の解釈に主観が入りやすいなどの問題がある。

作業検査法は，対象者にある作業を課し，その経過や結果などから，パーソナリティや適性を判断するものである。一定の加算作業を求める内田クレペリン検査がその代表的なものである。実施や採点が比較的容易で，回答に意識的な歪みが入りにくいという長所を持つ一方，パーソナリティの限られた側面しか測定できないという欠点がある。

これまで見てきたように，いずれの検査も長所と短所がある。また，検査だけでわかることには限界がある。そのため，一つの検査結果だけで判断するのではなく，対象者の負担にならない程度において複数の検査を組み合わせたり（これをテスト・バッテリーと言う），日常的な行動観察や言語による報告と合わせて，多面的にパーソナリティを捉えていくことが求められる。

引用文献

Allen, J. P., Philliber, S., Herrling, S., & Kuperminc G. P. (1997). Preventing teen pregnancy and academic failure: Experimental evaluation of a developmentally based approach. *Child Development*, 68, 729-742

Allport, G. W. (1937). *Personality : A Psychological Interpretation*. New York: Henry Holt.

Allport, G. W. (1961). *Pattern and Growth in Personality*. New York: Henry Holt.（オルポート，G. W. 今田 恵（監訳）(1968). 人格心理学〔上〕〔下〕誠信書房）

Allport, G. W. & Odbert, H. S. (1936). Trait-names: A psycho-lexical study.

Psychological Monographs, 47, i-171.

Costa, P. T. Jr. & McCrae, R. R. (1992). *NEO-PI-R, NEO-FFI Manual*. Odessa, FL: Psychological Assessment Resources.

Eysenck, H. J., & Eysenck, S. B. G. (1969). *Personality Structure and Measurement*. London: Routledge & Kegan Paul.

Funder, D. C. (2010). *The Personality Puzzle. Fifth Edition*. New York: W. W. Norton & Co.

Gosling, S. D. (2008). *Snoop: What Your Stuff Says About You*. New York: Basic Books.（ゴスリング，S. D. 篠森ゆりこ（訳）（2008）．スヌープ！あの人の心ののぞき方　講談社）

南風原朝和（2017）．検査法　高野陽太郎・岡 隆（編）心理学研究法：心を見つめる科学のまなざし（補訂版）　有斐閣　Pp.236-256.

Jung, C. G. (1921). *Psychologische Typen*. Zurich: Rascher.（ユング , C. G. 林 道義（訳）（1987）．タイプ論　みすず書房）

Kretschmer, E. (1921). *Korperbau und Charakter*. Berlin: Springer.（クレッチマー，E. 斎藤良象（訳）（1944）．体格と性格　肇書房）

McAdams, D. P. (2006). *The Redemptive Self: Stories Americans Live by*. New York: Oxford University Press.

McAdams, D. P., & Pals, J. L. (2006). A new big five: Fundamental principles for an integrative science of personality. *American Psychologist*, 61, 204-217.

Mischel, W. (1968). *Personality and Assessment*. New York: John Wiley & Sons.（ミッシェル，W. 詫摩武敏（監訳）（1992）．パーソナリティの理論：状況主義的アプローチ　誠信書房）

小塩真司（2010）．はじめて学ぶパーソナリティ心理学―個性をめぐる冒険―　ミネルヴァ書房

Roberts, B. W., & DelVecchio, W. F. (2000). The rank-order consistency of personality traits from childhood to old age: A quantitative review of longitudinal studies. *Psychological Bulletin*, 126, 3-25.

Sheldon, W. (1942). *The Varieties of Temperament: A Psychology of Constitutional Difference*. New York: Harper & Brothers.

Spranger, E. (1914). *Lebensformen*. Halle, Saale: Niemeyer.

Srivastava, S., John, O. P., Gosling, S. D., & Potter, J. (2003). Development of personality in early and middle adulthood: Set like plaster or persistent change? *Journal of Personality and Social Psychology*, 84, 1041-1053.

Thomas, A., & Chess, S. (1977). *Temperament and Development*. New York: Brunner/Mazel.

菅原ますみ（2003）．個性はどう育つか　大修館書店

Wilson, T. (2002). *Stranger to Ourselves*. Cambridge, MA: Harvard University Press.（ウィルソン，T. 村田光二（監訳）（2005）．自分を知り，自分を変える―適応的無意識の心理学　新曜社）

参考文献

小塩真司（2010）．はじめて学ぶパーソナリティ心理学―個性をめぐる冒険―　ミネルヴァ書房

大山泰宏・佐々木玲仁（2021）．感情・人格心理学　放送大学教育振興会

学習課題

1．あなた自身は自分のパーソナリティをどう捉えているだろうか。自分の特徴を10個書き出し，自己分析してみよう。
2．身近にいる他者（友人や配偶者など）にも，あなたの特徴を書き出してもらい，自己分析と一致しているかどうか，確認してみよう。
3．自分のパーソナリティがどのようにして形成されたのかについて，身近な人と話し合ってみよう。

11 社会心理学

森　津太子

《学習のポイント》 人間の行動は，その人の内側にある心だけでなく，その人を取り巻く環境や置かれた状況によっても影響を受ける。なかでも他者の存在は，社会的動物である人間にとって，行動を大きく左右する原因だが，その影響力の強さを私たちは十分に認識していない。本章では，この社会的影響に関する知見を中心に，社会心理学を概観する。
《キーワード》 レヴィンの公式，社会的促進，社会的手抜き，同調，服従，基本的な帰属のエラー

1. 他者の存在がもたらす影響

(1) レヴィンの公式

心理学は，人間の行動の背後にある心のしくみや働きを探求する学問である。しかし行動は心だけで決まるわけではない。社会心理学において，多大な功績を残したレヴィン（Kurt Lewin：1890-1947）は，人間の行動（B：Behavior）は，人（P：Person）と環境（E：Environment）を変数とする関数（f：function）で表せるとし，それを次のような式で示した。レヴィンの公式と呼ばれている。

$$B = f(P, E)$$

これは言いかえれば，人間の行動を理解するためには，行為者本人の内側にある要因（内的要因）だけでなく，その行為者を取り巻く外側の

要因（外的要因）にも着目する必要があるということである。この際，行為者を取り巻く環境として重要なのは，物理的環境よりも社会的環境，すなわち他者の存在である。それは人間が社会的動物であるからであり（第6章参照），他者の存在は，行動のみならず，思考や感情にも影響を与えることを社会心理学の研究は明らかにしてきた。

（2）社会的促進と社会的抑制

人間が，他者の存在する環境から受ける影響は社会的影響と総称されており，社会心理学の初期の研究テーマは，もっぱらこの社会的影響に関するものであった。

社会心理学における初めての実証研究として，しばしば取り上げられるものにトリプレット（Norman Triplett：1861-1934）が行った実験がある（Triplett, 1898）。彼はあるとき，自身の趣味でもあった自転車競技で，単独で走った場合よりも他者と一緒に走る場合のほうがタイムがよいことに気がついた。そこで，公表されている競技会の公式記録を分析すると，確かにそのような傾向があったため，今度は自ら実験を行うことにした。リールに糸を巻きつけると，その分だけ旗がゴールに近づくという実験器具を開発し，子どもたちに，単独，もしくは2人同時に，旗がゴールにたどり着くまでのタイムを競ってもらった。すると，同時に2人がリール巻きを行うほうが，速いタイムを出す子どもの数が多かったことから，トリプレットは他者の存在は個人の遂行を促進すると結論づけた。またそれは，他者の存在によって動機づけが上昇するためだと考察した。

トリプレットの実験は，いまの時代から見れば素朴なものである。しかし他者の存在が個人の遂行を促進する（作業効率が上がったり，正確さが高まったりする）ということの現象は，社会的影響の最も基本的な形として，これ以降，繰り返し実験が行われることとなった。のちに社会的促進と名づけられるこの現象は，トリプレットの実験のように，他者が自分と同じ課題に共に取り組んでいる共行為状況だけでなく，自分が課題をしている様子を他者が見ているという状況（観察状況）でも生じることが明らかになっている。また，社会的促進が見られるのは人間だけでない。例えば働きアリは，集団の中にいると，単独のときと比べて３倍以上の砂を巣作りのために掘るのだと言う（Chen, 1937）。

一方で，研究が進むにつれ，他者の存在が個人の遂行を抑制する，社会的抑制という現象があることも明らかにされた。トリプレットの研究から60年以上のち，ザイアンス（Robert Zajonc：1923-2008）はそれまでに行われた研究を振り返り，次のような説を提唱した。それは，慣れている作業や単純な課題など，普段から失敗が少ないことを行う場合は，他者の存在によって遂行が促進されるが，慣れていない作業や難しい課題では遂行が抑制されるというものである（Zajonc, 1965）。この説は，そこからさらに約20年が経過した後に行われたメタ分析（複数の研究の結果を統計的に統合したもの）によっても支持されている（Bond & Titus, 1983）。

（３）社会的手抜き

社会的促進や社会的抑制で焦点となるのは個人の遂行成績だが，集団で１つの課題を成し遂げるような場合には，しばしば社会的手抜きと呼ばれる現象が問題となる。例えば，一人で大声を出したり，拍手をしたりする場合よりも，集団でそろって大声を出したり，拍手をしたりする場合のほうが，一人あたりが生みだす音の大きさは小さくなるという現象のことである（Latané, et al., 1979; 図11－１）。複数名で課題を遂行すると，個人が負うべき責任が小さくなる（責任の分散と言う）ことが主要な原因と考えられている。なお同様の現象は，すでに20世紀初頭に，フランスの農学者リンゲルマン（Maximilien Ringelmann：1861-1931）によっても指摘されている。彼は綱を引く，荷車を引く，石臼を回すなどの作業を集団で行うと，一人あたりの作業量が減ることを報告した（Ringelmann, 1913）。このことから，リンゲルマン効果と呼ばれることもある。

図11－1　社会的手抜き（Latané et al., 1979）

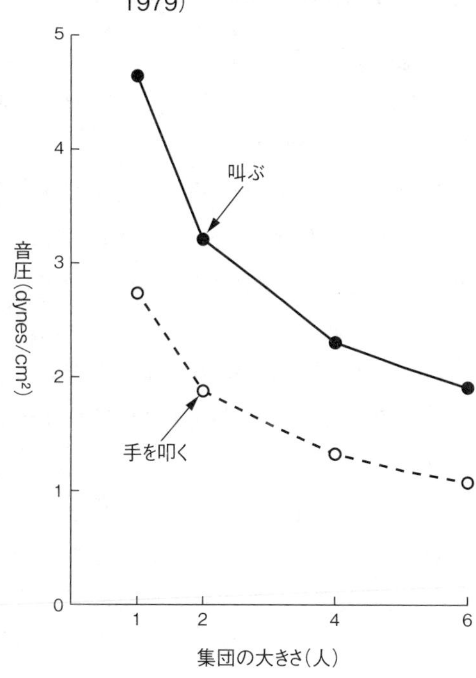

社会的手抜きとは反対に，集団で作業にあたる場合のほうが，努力量が増える場合もある。例えば，その課題がその人にとって重要なもので，一緒に作業にあたる他者が信頼できない場合，他者の遂行の不足分を補おうとして社会的補償が生じる。一方で，集団の作業によって生まれる成果が，それに関わった各人の貢献度に応じてではなく，関係者全員に等分されるような場合，他人の努力にただ乗りする者（フリー・ライダー）も生まれる。社会的手抜きや社会的補償は，職場などでもよく観察される現象のため，産業・組織心理学（第12章参照）の分野でも研究が行われている。

2. 多数派と権威者の影響

(1) 多数派への同調

社会的影響は，他者が集団の中で多数派を占める場合により大きな影響力を持つ。このことは，アッシュ（Solomon Asch：1907-1996）が行った同調に関する実験の結果から見てとることができる（Asch, 1955）。彼は，実験参加者に対して，図11－2に示すようなカードを見せ，左のカードに描かれた線分と同じ長さの線分を，右のカードに描かれた3本の線分から選ぶという課題を実施した。この課題は，単独で行えば正答率が99%以上という極めて簡単な課題だった。しかし集団の中で行い，かつ自分以外の他者が一様に誤答をする状況においては，誤答率が上昇した。

アッシュは類似の実験をいくつも行っているが，もっとも典型的な実験では7名の実験参加者がテーブルを囲み，端から順に回答することが求められた。しかしこの実験参加者のうち，真の実験参加者は1人だけであり，残りはサクラとして，出題される18問のうち12問で誤答をするようにあらかじめ示し合わせていた。すると，真の実験参加者の約75%（50名中37名）で，少なくとも1回，サクラと同じように誤答をする者

図11－2　アッシュの実験で使われた問題の例

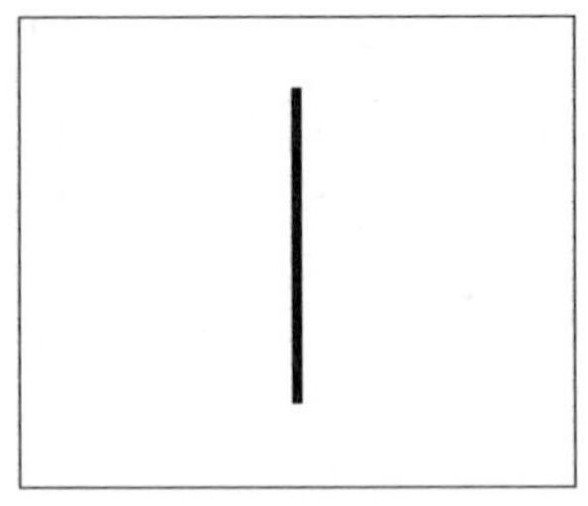

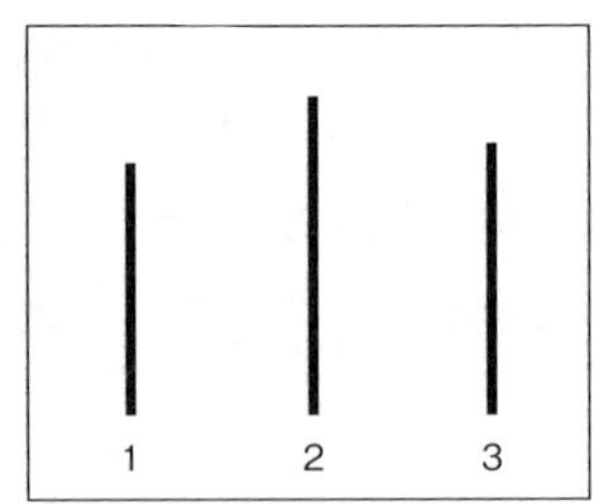

が現れた。多数派であるサクラの回答に同調する様子が見られたのである。

同調が生じる背景には，次の２種類の影響のいずれか，もしくは両方が関与していると考えられている（Deutsch & Gerald, 1955）。１つは情報的影響と呼ばれ，正しい行動をする手がかりとして他者を参照することによって生じる。これは，多数派の行動は正しいはずだという信念に基づくもので，例えばなじみのない土地で，レストランに入ろうとしたとき，お客がたくさん入っていそうなお店に入るのは，情報的影響による同調と考えられる。そのレストランのことを直接は知らなくても，多くの人が選んでいるお店であれば，おいしい料理を出してくれるだろうから，自分もそれに追随しようとするのである。このように，正しい判断をするための情報を自分が持ち合わせていない場合，多数派の行動は有用な情報となるが，それは一貫したものでなければならない。アッシュが行った別の実験では，サクラの中に１人でも，真の実験参加者と同じ回答をする者がいると，同調率が激減することが報告されている。情報的影響の力が低下するためと考えられる。

もう１つの影響は，規範的影響である。これは，他者の行動を暗黙の規範と見なすことによって生じるもので，他者から拒絶されたくない（もしくは，好ましく思ってほしい）という動機づけに基づいている。例えば，会社は17時で終業することになっていても，残業が暗黙の了解となっていれば，一人だけ定時に帰宅することは難しい。社会的な規範を無視することで，同僚から非難されたり，排斥されたりすることが懸念されるからである。上記のアッシュの実験では，真の実験参加者はサクラと面識がなかったが，集団のメンバーが既知の間柄であったり，特に親しい仲間同士（凝集性が高い集団）であったりする場合には，規範的影響の力はさらに強まる。

(2) 少数者の影響と権威への服従

多数派の影響力は絶大だが，まれに少数派がそれを覆すことがある。『十二人の怒れる男』というアメリカ映画をご存じだろうか。ある事件をめぐる陪審員の評議の様子を描いた作品で，タイトルにある「十二人の男」とは陪審員のことである。当初この陪審員たちは，被告である少年を有罪と確信していたが，一人の陪審員がそう結論づけることに疑問を抱き，その理由について，一つ一つ説得力のある説明したことによって，徐々に賛同者が増えていくというのがおおまかなストーリーである。これはフィクションだが，まさにこの映画のように，少数派であっても，一貫して説得力のある異論を唱え続ける者がいると，その言動が情報的影響をもたらす場合があることが明らかにされている（Moscovich, et al., 1969）。

さらに他者が特別な存在である場合，わずか1名であっても強い影響力を持つことがある。例えばミルグラム（Stanley Milgram：1933-1984）による「権威への服従」と呼ばれる実験（Milgram, 1974）では，他者が権威者である場合に，そのことが明確に示されている。以下，実験について詳しく見ていこう。

この実験では，地元紙の広告やダイレクトメールを通じて「記憶実験」に参加する一般市民が集められた。参加者が大学の実験室に到着すると，実験者からは一緒に実験に参加するもう一人の参加者を紹介される。しかしこの参加者はサクラであり，実験者とあらかじめ示し合わせた行動をとることになっている。実験者は，これから行う実験は，罰が学習に与える影響を調べるもので，罰に関する心理学の理論を科学的に検証をすることが目的だと説明する。そしてそのために，一方は教師役，もう一方は生徒役（学習者役）として，記憶の課題に取り組んでほしいと依頼する。それぞれがどちらの役をやるかは，くじ引きによって決められ，真の実験参加者は必ず教師役になるように，くじには細工が施されている。

真の実験参加者が教師として行うのは，生徒役（サクラ）に記憶力を調べる問題を出すこと，そして間違えたら罰を与えることである。ここでいう罰とは電気ショックで，生徒役は手首に電極をつけた状態で，隣室の椅子に固定され，容易には逃げ出せない状態にあることを教師役は確認している。一方，教師役の座席の前には，電気ショックの発生装置が置かれ，15ボルトから450ボルトまでの電気ショックが30段階で与えられるようになっている。

なお装置には，ボルト数のほかに，電気ショックの強さを示すことばが書かれており，ショックの度合いがイメージできるようになっていた（図11－3）。例えば25段階目の375ボルトには，「危険」という言葉が付されており，これによりかなり強烈な電気ショックであることがイメージできるが，装置にはさらに上の段階があり，29段階目の435ボルトを過ぎると，ただ「×××」とだけ書かれていた。

いざ実験が始まると，教師役の実験参加者は，生徒役がひどく物覚えが悪いことに気づく。生徒役はサクラとして，正答１回に対して誤答を

図11－3　ミルグラムの実験で使われた操作パネルの模式図（ミルグラム，2008）

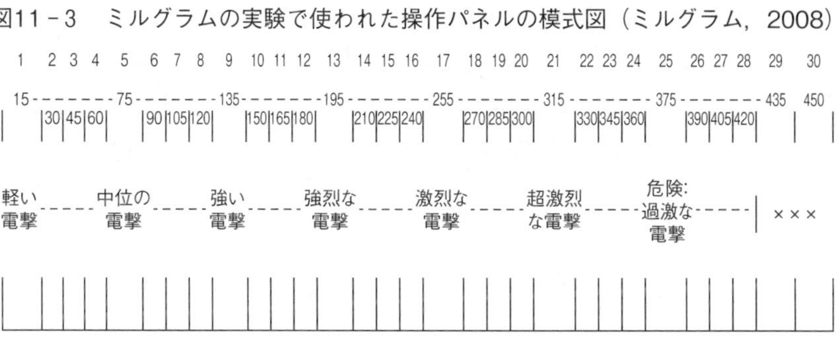

3回程度することが，あらかじめ決まっていたからである。一方，実験者は教師役に，もし生徒役が間違った解答をしたら，そのたびごとに1段階ずつ（15ボルトずつ）強い電気ショックを与えるように指示する。しかし強度があがるにつれ，生徒役は，隣室から苦しみを訴えたり，実験の続行を拒否する声を上げたりするようになっていく。

さて，ここまでの説明を読み，もしあなたがこの実験の参加者だったとしたら，どのような行動をとるかを考えてみよう。教師役として，生徒役にどれくらいの強度まで電気ショックを与え続けるだろうか。この際，あなたの行動は，斜め後ろにいる実験者に観察され続けている。そして途中，もしあなたが電気ショックを与えるのを躊躇したら，「続けてください」といった定型のうながしが4回繰り返される。それでもなお，電気ショックを与えることを拒んだら，そこで実験は終了である。

結果は，さまざまな年齢や職業の実験参加者40名のうち25名（全体の62.5%）が，最高強度まで電気ショックを与え続けるというものだった。これは一般の人はもとより，精神科医の予測さえも裏切る結果であった。しかし，電気ショックを最高強度まで与え続けた実験参加者が，特別だったわけではない。ミルグラムは，実験の様子をビデオに収めているが，苦悩に満ちた顔の実験参加者がため息をつき，脂汗を流しながらも，電気ショックを与え続ける様子が記録されている。そのため，実験終了後に，生徒役は実はサクラだったこと，また実際には電気ショックが与えられていなかったことを実験者が明かし，サクラ本人がにこやかな顔で隣室から現われると，実験参加者の誰もが胸をなでおろしたと言う。

3. 状況の力と原因の帰属

(1) 状況の力の強大さ

冒頭で，人間の行動（B：Behavior）は，人（P：Person）と環境（E：Environment）を変数とする関数（f：function）で表せるとしたレヴィンの公式を紹介した。ここまでに紹介した社会的影響の研究は，行動を規定する2つの変数のうち，環境（E），とりわけ，その人を取り巻く社会的環境（他者の存在）が，私たちの行動に強い影響力を持つことを示すものである。特に最後に紹介した「権威への服従」実験は，自分が身を置く環境によっては，そのような意図がなくとも，罪のない他者を傷つけてしまうほど，状況は強大な力を持つことを示唆している。

「権威への服従」実験の基礎にあるのは，社会哲学者のアーレント（Hannah Arendt：1906-1975）が『イェルサレムのアイヒマン』（Arendt, 1976）の中で紹介した「悪の陳腐さ」という概念である。第二次世界大戦中，ヒトラー（Adolf Hitler：1889-1945）は，数百万人のユダヤ人を虐殺したと言われている。しかし彼はあくまでも首謀者であり，目的の遂行には，実務を担当する多くの部下の存在が不可欠だった。なかでもアイヒマン（Adolf Eichmann：1906-1962）は，ナチ政権下でユダヤ人を強制収容所へ移送する指揮官を務め，その罪により死刑に処されている。

アイヒマンは，戦後，長い逃亡生活の末，捕らえられ，裁判にかけられた。彼が公の場に現われたとき，その姿を見た人々は唖然としたという。あまりに普通の官僚然とした姿で，多くの人が想像したふてぶてしい大悪人のイメージとはかけはなれた気の弱そうな人物だったからである。また彼は裁判を通じて，ユダヤ人虐殺について「大変遺憾に思う」とは述べたものの，自らの行為の責任については「命令に従っただけ」

だと繰り返した。この主張を保身のための嘘と考えるのは容易だが，アーレントは，「邪悪な男たち」のほとんどは，実際のところ，上官の命令に従う平凡な人物にすぎず，アイヒマンもその一人にすぎないと考察している。

「権威への服従」実験を行ったミルグラムは，このようなアーレントの考えに共鳴し，自身の実験の結果を「悪の陳腐さ」を実証するものと位置づけている[1)]。こうしたことから，「権威への服従」実験は，しばしばアイヒマン実験とも呼ばれている。

（2）基本的な帰属のエラー

ミルグラムによって「権威への服従」実験が行われるより前，アイヒマンや，ファシズムの台頭を歓迎したドイツ市民の行動は，権威主義的パーソナリティによるものと説明されていた（Fromm, 1941）。これは，強い者には柔順である一方，弱い者に高圧的であったり，偏見や差別意識にとらわれやすかったりするパーソナリティ傾向のことで，民主主義的パーソナリティに対置されるものである。のちにアドルノ（Adorno, 1950）は，権威主義的パーソナリティの程度を測定するF尺度（ファシズム尺度の略称）を開発しており，このようなパーソナリティ特性を強く持つ人ほど，権威者に服従し，命令されればその内容が道義的には疑問視されるようなものであっても実行されると考えた。なおフロムが指摘したのは，社会的性格と呼ばれる，ある集団の構成員の多くに共通するパーソナリティであり，個人差を表す目的で使用されるパーソナリティ（第10章参照）とは区別される。しかしそれでもなお，反社会的行動や社会的に望ましくない行動（レヴィンの公式のB）を，パーソナリティのような行為者自身の内的な要因（P）にのみ帰することには注意が必要だろう。

1） 権威への服従実験をめぐっては近年，結果の再解釈も行われている（Haslam, et al, 2016）。

出来事の原因を何かに帰することを，社会心理学では，原因帰属あるいは単に帰属と呼ぶ。人はどのような出来事であれ，その原因を知ろうとする傾向があるが，社会的動物である人間（第6章参照）にとって，特に関心が高いのは，他者の行動を引き起こした原因である。原因がわかれば，その人が将来どのような行動をとるかを予測でき，対処方法がわかるからである。あの人は，なぜあのようなことを言ったのか。そしてなぜあのような行動をとったのか。こうした疑問は，一日に何度も繰り返され，その答えを導き出すため，知らず知らずのうちに原因帰属を行っている。

他者の行動の原因として帰属されるものは，内的要因と外的要因に大別される。内的要因とは，当人のパーソナリティ，能力，意図，感情など人物の内側にある要因のことであり，レヴィンの公式のPにあたる。一方，外的要因とは，その人を取り巻く外部の環境や状況のことであり，すなわちEである。ここで問題となるのは，私たちの原因帰属には，一定の歪みがあるということである。それは，他者の行動の原因を推測する際，その原因を外的要因に求めるよりも，内的要因に求めやすいというものである。このような傾向は，国や文化を越え，かなりの程度，普遍的に見られることから，基本的な帰属のエラーと呼ばれている(Ross, 1977)。ただし文化によって程度の差はあり，相対的に見れば，東洋人は西洋人に比べ，外的要因にも目を向けやすいと言われている(Morris & Peng, 1994，第13章参照)。なお，原因を外的要因に帰することを外的帰属，内的要因に帰することを内的帰属と言う。したがって基本的な帰属のエラーは，外的帰属よりも内的帰属が優先されることと言いかえることもできる。

基本的な帰属のエラーは，私たちの身近なところでもよく見られる。例えば，ドラマや映画でいつも悪役を演じる俳優は，現実でも性格が悪いと誤解されたり，クイズ番組の司会を務めるタレントは，頭が良いと思われやすかったりする。俳優やタレントは台本に沿って求められている役割をこなしているに過ぎないが，それがわかっていてもなお，視聴者は当人のパーソナリティや能力などが，行動に及ぼす影響を過剰に推測してしまうのである。

(3) 認知的倹約家としての人間

基本的な帰属のエラーには，認知的倹約家と比喩される人間の特徴が関係すると考えられている。ここまでの章で見てきたように，認知革命以降，心理学には認知心理学と呼ばれる学問分野が誕生した（第1章，第4章参照）。これにより，人間の心の働きをコンピューターになぞらえ，情報処理という観点から探求するアプローチが広く浸透している。社会心理学は，この認知革命の影響を強く受けており，認知心理学的な手法を取り入れてきた研究が活発に行われている。こうした研究の流れの中で生まれたのが「認知的倹約家」という比喩である。

私たちの身の回りはいつも無数の情報であふれている。人間は，こうした情報を感覚器官から入力し，必要な情報処理を加え，行動として出力をしているが，コンピューターと同様に人間の情報処理能力には限界がある。つまり，私たちを取り巻く全ての情報に対して時間や労力を最大限にかけて処理し続ければ，瞬く間にオーバーフローしてしまう。そこで人間は，特段の事情がない限り，情報処理にかける時間や労力は必要最小限にし，限りのある認知資源を無駄遣いしないよう努めているのである。これが人間は「認知的倹約家」であるという比喩の意味するところである。

ギルバートらによれば，私たちが他者の行動の原因を推測する際，内的帰属と外的帰属は同時並行で行われるのではなく，段階的に行われる

(Gilbert, Pelham, & Krull, 1988)。この際，先行するのは，認知資源をあまり必要としない内的帰属である。一方，それに続く外的帰属は認知資源を多く必要とするため，内的帰属だけでは十分でないと判断されたときにはじめて，外的帰属が行われるとされる。したがって，ほかに認知資源を割くべき作業があり，時間や労力に余裕がないとき，あるいは，対人認知の対象が自分にとって重要な相手ではなく，多くの認知資源を投入してまで正確な対人認知をする必要がないと判断される場合には，外的帰属にたどり着く前に原因帰属が終了することになる。

社会心理学の研究は，環境や状況などの外的要因が人間の行動に及ぼす影響が強大であることを繰り返し示してきた。しかし人間は，認知的倹約家であるがゆえに，他者の行動に及ぼす外的要因の影響力をうまく認識できない。怒っている人を見たとき，「怒りっぽい人だな」と捉えることは容易である。しかしそこから一歩進み，その人が怒っている状況を加味し，「あんなことを言われたのなら，怒るのは当然だ」などと考えるのは，とても難しいのである。

引用文献

Adorno, T. W. (1982). *The authoritarian personality.* New York: Norton.（アドルノ，T. W. 田中義久・矢沢修次郎・小林修一（訳）(1980). 権威主義的パーソナリティ 青木書店）

Arendt, H. (1976). *Eichmann in Jerusalem：A report on the banality of evil.* New York: Penguin Books.（アーレント，H. 大久保和郎（訳）(1994). イェルサレムのアイヒマン —悪の陳腐さについての報告 みすず書房）

Asch, S. E. (1955). Opinions and social pressure. *Scientific American*, 193, 35–35.

Bond, C. F. Jr., & Titus, L. J. (1983). Social facilitation: A meta-analysis of 241 studies. *Psychological Bulletin*, 94, 265–292.

Chen, S. C. (1937). Social modification of the activity of ants in nest-building.

Physiological Zoology, 10, 420-436.

Deutsch, M., & Gerard, H. B. (1955). A study of normative and informational social influences upon individual judgment. *The Journal of Abnormal and Social Psychology*, 51, 629-636.

Fromm, E., (1941). *Escape from freedom*. New York: Farrar & Rinehart, Inc. (フロム, E. 日高六郎（訳）(1951). 自由からの逃走 東京創元社)

Gilbert, D. T., Pelham, B. W., & Krull, D. S. (1988). On cognitive busyness: When person perceivers meet persons perceived. *Journal of Personality and Social Psychology*, 54, 733-740.

Haslam, S. A., Reicher, S. D., & Birney, M. E. (2016). Questioning authority: New perspectives on Milgram's 'obedience' research and its implications for intergroup relations. *Current Opinion in Psychology*, 11, 6-9.

Latané, B., Williams, K., & Harkins, S. (1979). Many hands make light the work: The causes and consequences of social loafing. *Journal of Personality and Social Psychology*, 37, 822-832.

Milgram, S. (1974). *Obedience to authority: An experimental view*. New York: Harper & Row. (ミルグラム, S. 山形浩生（訳）(2008). 服従の心理 河出出版)

Morris, M. W., & Peng, K. (1994). Culture and cause: American and Chinese attributions for social and physical events. *Journal of Personality and Social Psychology*, 67, 949-971.

Moscovici, S., Lage, E., & Naffrechoux, M. (1969). Influence of a consistent minority on the responses of majority in a color perception task. *Sociometry*, 32, 365-379.

Ringelmann, M (1913). Recherches sur les moteurs animés: Travail de l'homme. *Annales de l'Institut National Argonomique*, 12, 1-40.

Ross, L. (1977). The intuitive psychologist and his shortcomings: Distortions in the attribution process. In L. Berkowitz (Ed.), *Advances in Experimental Social Psychology* (vol. 10). New York: Academic Press. Pp.173-220.

Triplett, N. (1898). The dynamogenic factors in pacemaking and competition. *The American journal of psychology*, 9, 507-533.

Zajonc, R. B. (1965). Social facilitation. *Science*, 149 (3681), 269-274.

参考文献

釘原直樹（2013）．人はなぜ集団になると怠けるのか　―社会的手抜きの心理学 中央公論新社

ミルグラム，S.（著）山形浩生（訳）（2012）．服従の心理 河出書房新社

森 津太子（2020）．社会・集団・家族心理学 放送大学教育振興会

学習課題

1．あなたが他者の前で行ったことで，うまくいったこと（社会的促進）と，うまくいかなかったこと（社会的抑制）を思い出してみよう。そのときに行っていたことは，あなたが慣れていることだったり，単純なことだったりしただろうか。

2．流行に乗るというのも一種の同調である。あなたや身近な人が，最近，流行に乗った例はあるだろうか。それは情報的影響によるものだろうか。それとも規範的影響によるものだろうか。

3．人間の行動が環境によって変わることは，自分の行動が状況によって変わることからも実感できる。例えば，職場と家庭など，場所や役割，周囲にいる他者によって，自分の行動に違いがないかを考えてみよう。

12 産業・組織心理学

森　津太子

《学習のポイント》 心理学の各分野はしばしば基礎心理学と応用心理学に大別される。その中で産業・組織心理学は，教育心理学，臨床心理学と並ぶ，応用心理学の代表格であり，基礎心理学の知見を産業・組織の現場，すなわち職場に応用することで発展してきた。そのような歴史を辿るとともに，産業・組織心理学が扱う幅広いテーマの中から，組織行動に焦点をあてて概説する。

《キーワード》 科学的管理法，ホーソン効果，リーダーシップ，組織コミュニケーション

1．産業・組織心理学の歴史

(1) 産業心理学の誕生

産業心理学は，基礎心理学の知見を応用する応用心理学の代表格である。しかしその歴史は，他の分野と比べても古く，現代心理学の黎明期に遡る。近代心理学の誕生は，ヴント（Willhelm Wundt：1832-1920）がライプツィヒ大学に心理学実験室を創設した1879年に求められることが多いが（第1章参照），そのヴントの弟子の一人，ミュンスターベルク（Hugo Münsterberg：1863-1916）は産業心理学の祖と称される人物である。実際，ミュンスターベルクは，ヴントのもとで学びながらも，心の一般法則を追究することより，人の個人差に関心を持っていた。また，どちらかと言えば機能主義的な考えの持ち主で，機能主義の先鋒であっ

たジェームズ（William James：1842-1910）に招かれ，アメリカに渡ると，実験心理学的な手法を産業場面に応用することをいち早く試みた。1912年には『心理学と経済生活』，1913年には『心理学と産業能率』と題する著書を出版し，現代の産業心理学の基礎を築いている。

（2）科学的管理法と能率心理学

ミュンスターベルクが著書を出版したころ，アメリカの産業界は，作業能率の向上に強い関心を抱いていた。その中で中心的な役割を果たしていたのは，フィラデルフィアの製鋼会社でエンジニアとして働いていたテイラー（Frederick Taylor：1856-1915）である。テイラーは，1911年に『科学的管理法の原理』を刊行し（Taylor, 1911），作業現場で生じている問題を，経験や勘ではなく，科学的に管理すべきだと主張した。この科学的管理法はテイラー・システムとも呼ばれ，当時，アメリカを中心にヨーロッパや日本で一大ブームを引き起こした。

テイラーが問題視したのは，当時，労働者の間に蔓延していた職務怠慢の風潮である。このころ，産業革命によってもたらされた大量生産によって，アメリカの産業界では激しい過当競争が起きていた。経営者は他社よりも少しでも低い価格を実現するため，人件費を引き下げて利益を確保しようとしたが，これは労働者側から見れば，無理をして増産に努めても，それが報われないということであった。こうしたことから，労働者たちの間には，適度に手を抜いて勤務時間をやり過ごすという職務怠慢が常態化していた。

このような状況を憂いたテイラーは，1日の標準的な作業量を設定し，それを超える作業を行った労働者には賃金を割り増しすることで，増産と労働者の動機づけの向上を同時に図ろうとした。この際，作業量の算出に当たっては，熟練作業者の作業量を調査するほか，作業を遂行するのに最適な手順や環境を，細部にわたって客観的に観察，測定することを目指した。例えば，作業に必要な動作を要素に分け，それぞれの要素にかかる時間をストップウォッチで計測したり，どのような作業環境がよいのかを実験的に検討したりということを繰り返した。作業能率を高める心理学は能率心理学と呼ばれ，この当時の産業心理学の代表的な研究テーマとなった。

2. 産業・組織心理学とは何か

(1) ホーソン効果

科学的管理法は，本来，経営者と労働者の双方が，利益を得られる手法のはずだった。しかしテイラーの理論の根底には，組織を精密な機械と見なし，それを構成する労働者を，まるでその機械を構成する部品や歯車であるかのように考える人間観があった。つまり，部品の特性を見極め，うまくデザインすれば，作業能率が高まるという考えである。テイラーは，人は生まれつき怠け者であると考えていた。そして，その怠け者である労働者を奮い立たせるには，もっぱら賃金という外発的動機づけ（第7章参照）が有効であり，賃金さえ与えれば労働者は働くと考えていた。こうしたことから，テイラー・システムが普及すると，次第に油をさせば歯車は動くという人間性を無視した経営論理がまかり通るようになり，経営者と労働者は対立を深めていった。

このような流れに転機をもたらしたのが，のちにホーソン効果と呼ばれる現象の発見である。アメリカのある通信機器メーカーは，1924年，科学的管理法を導入するために，自社のホーソン工場で大規模な実験を行った（Mayo, 1933）。まず行われたのは照明に関する実験で，照明を段階的に明るくする場合と明るさが一定の場合で，どちらの生産性が向上するかが調べられた。ところが実際に実験を行ってみると，いずれの場合も生産性は向上し，照明の違いは何ら作用しないという予想外の結果が得られた。

そこで産業心理学者のメイヨー（Elton Mayo：1880-1949）らが中心となり，８年にわたる研究が行われたことで，このような結果が得られた理由が徐々に判明していった。それは第一に，注目されることがもたらす効果だった。工場が実験の対象に選ばれたことで，そこに働く従業員たちに，自分たちは注目され，期待されているという意識が芽生え，一人一人が努力するようになったのである。また第二に，生産性向上という目標達成のために仲間との連帯感が高まり，人間関係が円滑になったこともよい結果をもたらした。すなわち作業能率の向上は，物理的な作業環境よりも，期待に基づく心理的変化に左右される可能性が示されたのである。

こうして，ホーソン工場での実験を機に，それまで主流だった科学的管理法は下火になり，より人間の心理的な側面や人と人との関係性を重視する，新たな組織管理論へと舵が切られることとなった。このような流れは，その後，「組織心理学」という学問として結実し，近年では，この分野の研究を「産業・組織心理学」と呼ぶことが一般的になっている。

（2）レヴィンの功績

一方，産業界において，心理学的な研究やその知見が重要視されるきっかけを作ったものとして，社会心理学者のレヴィン（Kurt Lewin：1890-1947，第11章参照）の功績も無視することができない。彼は，ホーソン効果の報告以前から，科学管理法の効用と限界に関する論文を執筆し，独自の現場研究も行っていた。ゲシュタルト心理学（第１章，第３

章参照）の流れを汲むレヴィンは，集団としての思考や行動には，その集団を構成する個人の集合体というだけでは説明できない力動的な性質が含まれるとし，それを集団力学（グループ・ダイナミックス）と呼んで，自らも精力的に研究を進めた。

産業・組織心理学に深く関わるものとしては，リーダーシップの研究が有名である。レヴィンら（Lewin, et al., 1939）は，子どもたちをランダムに3つのグループに分け，それぞれのグループに異なるタイプのリーダーをつけることで，リーダーシップのとり方（リーダーシップ・スタイル）が子どもたちの行動や態度，作業効率などに与える影響を調べた。1つ目のリーダーシップ・スタイルは「専制君主型」であり，グループ活動の内容を決定する際に子どもを一切関与させず，全てをリーダーが取り仕切った。2つ目は「民主型」であり，活動内容に関する決定に子どもたちを積極的に関与させた。3つ目は「放任型」であり，リーダーは何も決断をせず，子どもたちの自由に任せた。その結果，民主的なリーダーのもとでは集団の雰囲気がよく，作業効率もよいのに対し，専制君主的なリーダーのもとでは作業効率はよいものの，子どもたちの意欲が乏しく，仲間内で攻撃的な行動やいじめなどが見られた。また放任型のリーダーのもとでは作業がはかどらず，意欲も低いことが示された。

「よい理論ほど実用的なものはない（Nothing is so practical as a good theory）」と主張したことに象徴されるように，レヴィンは，理論と実践の融合を重視した。彼が発案したアクション・リサーチという研究法は，現在も職場や学校などさまざまな現場で幅広く利用されている。アクション・リサーチとは，研究者と実務家が協働して，現場で生じている問題解決を目指すとともに，それを通じて理論を構築することを目指す研究手法である。

(3) 日本における産業・組織心理学

テイラーの科学的管理法は日本でも早くから紹介され，1910年代半ばには実践的な研究が行われている。例えば，この分野のパイオニアであった上野陽一（1883-1957）は，小林商店（現在のライオン株式会社）の歯磨き工場で調査を行い，その成果をもとにした作業能率の向上に成功している。上野はのちに，1922年に設置された産業能率研究所の所長も務めている。

一方，同じころ（1921年）に岡山県倉敷市には，倉敷労働科学研究所が誕生した。倉敷紡績株式会社の社長，大原孫三郎が私財を投じて設立した大原社会問題研究所を前身とする機関で，心理学者の桐原葆見（1892-1968）らが所属した。彼らは自らの研究を「労働科学」と称し，それは医学，心理学を基軸とした科学的研究ではあったが，同時に，ヒューマニズム的な思想に支えられたものであった。当時，桐原が目にしたのは，工場で働く女工たちの劣悪な労働環境だった。その改善のため，彼らは，能率優先の経営者側の論理で行う科学的管理法ではなく，労働者の視点に立った研究こそが必要だとした。つまり，アメリカとは異なるかたちで，日本でも科学的管理法に対する批判が起きていたわけである。なお研究所は，大原記念労働科学研究所として現在も活動を続けている。

(4) 産業・組織心理学の4つの研究部門

以上のような歴史的展開を経て，また，その後の時代的な必要性にも応じながら，現在の産業・組織心理学が扱う研究テーマは，非常に多岐にわたっている。ここでは，我が国の産業・組織心理学会の部門をもとに，組織行動，人的資源管理，安全衛生，消費者行動の4つに分類して説明していこう（山口ら，2006）。

組織行動

この部門では,「組織に所属する人々の行動の特性やその背後にある心理, あるいは人々が組織を形成し, 組織としてまとまって行動するときの特性についての研究」がなされている。第７章では, 学習の動機づけや教師のリーダーシップについて解説されたが, 職場という組織は, 学校・学級と同じような特性を有しており, 仕事をするうえでの動機づけ（ワーク・モチベーション）や組織管理者のリーダーシップの研究が, 類似した理論のもとで行われている。その代表的なものには, 第７章で紹介されたPM理論（三隅, 1966, 1984）がある。

人的資源管理

この部門では,「組織経営の鍵を握る人事評価や人事処遇, あるいは人材育成についての研究」がなされている。人事心理学と呼ばれることもある。知能検査（第８章参照）や性格検査（第10章参照）などの心理検査を利用した職業適性検査に関する研究もここに含まれる。心理検査が個々人の潜在能力や職業適性を把握するために利用されるようになったのは, 比較的最近のことである。きっかけとなったのは第一次世界大戦で, 優秀な人材を迅速かつ適正に配置する必要性の高まりから, 集団式の知能検査などが開発された。この部門の研究として, 最近では, キャリア発達やキャリア・マネジメントの研究なども行われている。

安全衛生

この部門では,「働く人々の安全と心身両面の健康を保全し, 促進するための方略についての研究」が行われる。先述した能率心理学の研究もここに含まれるが, 既述のような流れを受け, 近年では, 能率の向上よりも, 快適な職場環境の実現や, 安全性の確保, 職場ストレスの問題などに関心が移行している。ヒューマンエラーの研究もここに位置づけられる。

消費者行動

この部門では，「よりすぐれたマーケティング戦略に生かすべく消費者心理や宣伝・広告の効果の研究」が行われている。効果的な説得手法の研究のほか，経済学との連携も強化されつつあり，心理学と経済学との融合領域として，行動経済学と呼ばれる分野が注目を集めている。

このように産業・組織心理学の研究は広範囲にわたる。そこで次節では，現代の産業・組織心理学の成果として，「組織行動」の研究に焦点をあてて解説する。

3. 組織行動の研究

（1）組織とは何か

私たちは，多くの場合，組織の一員として仕事をしている。「組織」と呼ばれる集団には，いくつかの特徴がある（山口，2006）。まず，組織には達成すべき目標が明確に存在し，それを組織の成員が共有している。そしてその目標を達成するために，成員がそれぞれ役割を分担している。すなわち，分業体制を敷いているのである。この分業には，水平方向の分業と，垂直方向の分業がある。例えば，企業のような組織の場合，水平方向の分業というのは，営業，製造，マーケティング，財務といった職能に基づく分業であり，必要業務を分けることで，効率のよい目標達成を目指している。一方で，社長，副社長，部長，課長といった序列や地位に基づく垂直方向の分業が存在することで，指示・命令系統が機能する。このような分業は，組織が円滑に機能する上で不可欠なものだが，その一方で，組織の成員の間に葛藤をもたらしたり，組織としてのまとまりを妨げ，かえって作業効率を下げてしまったりすることもある。したがって，組織においては，仕事を分業するだけでなく，その分業を再統合する力が必要である。

(2) 組織内の葛藤

組織成員は，共有する目標を達成すべく，それぞれの仕事をこなしている。しかしたとえ上位の目標は共通でも（例：会社の業績を上げる），分業によって役割が異なれば，個別の問題においては利害対立が生じる。例えば，よりよい新商品を開発しようとする部署が，できるだけ経費を削減しようとする財務担当者と対立するなどである。ほかにも，立場によって意見や考え方に食い違いが生じたり，些細なことから感情的な対立に発展したりすることは，どのような組織にもあることだろう。結局のところ，組織といえども，それを構成しているのは一人一人の個性が異なる人間であり，まして仕事の分業によって役割が異なれば，そこに対立が生じないほうが不自然である。

組織内の葛藤は，組織全体の目標達成の妨げとなるため，避けられるべきものであるが，その一方で，葛藤は時として組織改革の契機となる。葛藤が組織内で解決すべき問題を浮き彫りにするためである。したがって，葛藤をただ避けるのではなく，葛藤を直視し，それを適切に処理していくことが，組織全体の発展には不可欠である。

(3) 組織コミュニケーション

葛藤を解決し，効果的な分業が促進されていくためには，組織内に円滑なコミュニケーションを成立させることが必要である。しかし，一口にコミュニケーションと言っても，それは複雑な過程である。私たちは他者の考えや意図を目で見ることはできないため，人に何かを伝える際には，それを相手にもわかるような記号（ことばやジェスチャーなど）に置きかえなくてはならない。受け手はそれを観察し，記号を解読することで，相手の考えや意図を知ることになる。したがって，コミュニケーションが誤解なく成立するには，双方が記号の持つ意味を共有していなくてはならない（山口，2006）。通常，このような意味の共有化は相互作用の積み重ねによって促進するため，相互作用が少ない関係ではコミュニケーションに誤解が生じやすい。反対に相互作用の機会が増えれば，記号の意味が洗練されるため，わずかな記号だけで，誤解のない豊かなコミュニケーションが可能になるし，限られた者にしか通じないコミュニケーションも可能になる。いわゆる業界用語や組織内でのみ用いられる略語や暗号がこれに当たる。

組織内の意思決定は，会議での話し合いによって行われるのが一般的である。会議も重要な組織コミュニケーションの場である。「3人寄れば文殊の知恵」ということわざがあるように，私たちはふつう，多くの人が意見を出し合えば，よりよいアイデアが生まれ，個人が行う判断よりも優れた判断ができると信じている。しかし第11章で見たように，個人の意見は多数派の意見や権威を持つ人の意見にかき消されてしまうこともある。ジャニス（Irving Janis：1918-1990）は，歴史上失敗だったと言える政策が決定された過程を丹念に分析した。そして，集団討議においては，合理的な決定を妨げる共通した思考形態が生じるとして，それを集団浅慮（集団思考とも言う）と名づけた（Janis, 1972）。ジャニスによれば，凝集性が高く（まとまりが強く），外部の意見に対して閉鎖的な集団においては，強力なリーダーが意見を示すと，他の集団成員がほかの選択肢を考えなくなる。また異なる意見を持った者がいたとしても集団全体の結束が乱れることを恐れて，意見表明が控えられるため，あたかも集団全体の意見が一致しているような錯覚に陥ることになる。結果として，討議に必要な情報が十分に収集されず，議論も尽くされないままに，質の悪い決定がなされてしまう。

集団による意思決定は，個人が行う意思決定よりも危険（リスキー）で冒険的なものになりやすいことも知られている。これをリスキー・シフト（Stoner, 1961）と言う。例えばワラックらの研究（Wallach et al., 1962）では，実験参加者に架空のストーリーが提示される。それは，リスクを伴うが成功すれば高い利益が得られる選択肢と，安全だが利益はあまり得られない選択肢との間で，主人公がどちらを選ぶかを迷っているというもので，実験参加者はその主人公に対して助言を与えるという設定になっている。具体的には，現在，安定した職を持ち，高額ではないものの一定の給与と終身雇用を保証されている主人公が，いまの職に留まるべきか，それとも成功すれば高給が得られる新しい仕事に転職すべきかを迷っている場合や，重い心臓病にかかっている主人公が，成功すれば完治するかもしれないが，失敗すれば命を落とすことになるかもしれない大手術を受けるべきかを迷っている場合などで，どの程度の成功確率であれば，リスクを伴う行動を主人公に勧めるかが尋ねられた。その際，まず個人で判断をさせた後，6人で討議をさせ，全員一致のルールの下で結論を出させると，集団の決定は，討議前の個人の決定を集約したものよりも，リスクが高くなる傾向が見られた。いわば，「赤信号，みんなで渡れば怖くない」といった状態である。さらに実験参加者に，数週間後に再び，個人で同じ判断をさせると，その判断は集団討議前のものよりも高いリスクを追求するものだった。これは，集団討議による意思決定が，個人の決定にも影響を及ぼしていること，またその影響は，少なくとも数週間にわたって持続していることを示している。

ただし，その後の研究では，集団討議がむしろより慎重で保守的な結論を生み出すという逆の現象が存在することも指摘されており，これはコーシャス・シフトと呼ばれている。コーシャス（cautious）とは，注意深いという意味である。結局のところ，討議の結論が危険な方向に向かうか，安全な方向に向かうかは，集団構成員の討議前の意見分布に依存しており，集団討議を行うと，もともと優勢だった意見がより極端なものになりやすい（Moscovici & Zavalloni, 1969）。このように集団討議の結果が，より極端な方向にシフトすることを総称して，集団分極化，または集団極化現象と呼ぶこともある。

引用文献

Janis, I. L. (1982). *Groupthink: A psychological study of foreign-policy decisions and fiascoes* (*2nd ed.*). Oxford: Houghton Mifflin.（ジャニス , I. L. 細江 達郎（訳）(2022). 集団浅慮　―政策決定と大失敗の心理学的研究― 新曜社）

Lewin, K, Lippitt, R. and White, R. K. (1939). Patterns of aggressive behavior in experimentally created "social climates". *The Journal of Social Psychology*, 10, 271-299.

Mayo, E. (1933). *The human problems of an industrial civilization*. New York: Macmillan.（メイヨー, E. 村本栄一（訳）(1967) 産業文明における人間問題 ―ホーソン実験とその展開（新訳）日本能率協会）

三隅二不二（1966）. 新しいリーダーシップ―集団指導の行動科学― ダイアモンド社

三隅二不二（1984）. リーダーシップ行動の科学（改訂版）有斐閣

Moscovici, S., & Zavalloni, M. (1969). The group as a polarizer of attitudes. *Journal of Personality and Social Psychology*, 12, 125-135.

Stoner, J. A. F. (1961). A comparison of individual and group decisions including risk. *Unpublished Master's thesis*, School of Industrial Management, MIT.

Taylor, F. W. (1911). *The principles of scientific management*, New York and

London: Harper & Brothers.（テイラー, F. W. 有賀裕子（翻訳）(2009). 新訳 科学的管理法 ダイヤモンド社）
山口 裕幸（2006). 組織の情報処理とコミュニケーション 山内裕幸・高橋 潔・芳賀 繁・竹村和久（著）産業・組織心理学 有斐閣アルマ, Pp.37-55.
山口 裕幸・高橋 潔・芳賀 繁・竹村和久（2006). 産業・組織心理学 有斐閣アルマ
Wallach, M. A., Kogan, N., & Bem, D. J. (1964). Diffusion of responsibility and level of risk taking in groups. *Journal of Abnormal and Social Psychology*, 68, 263-274.

参考文献

ジャニス, I. L. 細江 達郎（訳）(2022). 集団浅慮―政策決定と大失敗の心理学的研究― 新曜社
亀田 達也（1997). 合議の知を求めて ―グループの意思決定― 共立出版
三隅二不二（1984). リーダーシップ行動の科学（改訂版）有斐閣
山口 裕幸（編者）(2020). 産業・組織心理学 放送大学教育振興会

学習課題

1．あなたが仕事や家事，勉学，ボランティアなどを頑張ろうとする動機づけはなんだろうか。それらはどんな場合にはかどる（能率が上がる）だろうか。
2．『女工哀史』（細井和喜蔵（著），岩波文庫）や『あゝ野麦峠』（山本茂実（著），角川文庫）を読むと，桐原らが目の当たりにしたような当時の職場環境が垣間見える。現代の職場環境とは何が違うのか（あるいは何が変わっていないのか）を考えてみよう。
3．企業などが起こした事件，事故において，誤った集団意思決定がなされていた事例がないか，報道や調査報告書をもとに調べてみよう。

13 文化心理学

向田久美子

《学習のポイント》 従来の心理学は，人の行動や心の働きの普遍性を明らかにすることを目的としてきた。一方，20世紀の終わりごろに成立した文化心理学では，心の働きや行動における文化的文脈の影響を重視し，心と文化の相互構成的関係を追究している。本章では文化心理学の主要な研究成果について概説する。

《キーワード》 個人主義と集団主義，相互独立的自己観と相互協調的自己観，分析的思考と包括的思考

1. 文化心理学の成り立ち

(1) 心の普遍性への疑問

文化心理学が台頭したのは，1990年代と言ってよいだろう。しかし，そのルーツは，心理学の草創期に遡る。第1章で述べたように，心理学の祖であるヴントは，初期には感覚やイメージといった人間の直接経験を実験により検討していたが，晩年になると，実験では扱いにくい，より高次の精神機能（言語や神話，宗教，芸術，習慣など）にも注目するようになった。これらは集団や民族によって生み出され，共有されていることから，民族心理学と名付けられた。これが，現在の文化心理学のルーツにあたる。

しかし，実験心理学の隆盛とは裏腹に，文化や民族を研究する心理学は，その後，長らく停滞することになる。人にとって文化とは，魚にとっ

ての水のようなものであり，その世界にいる限り，意識的に捉えることは難しい。ロシアのヴィゴツキー（第８章参照）のように，人の行動における社会や文化の影響を重視する研究者も現れたが，心理学の主流は，「人間の心の働きは普遍的である」ということを前提として推し進められてきた。研究を通して見出された知見や理論は，時代や文化に関係なく，人間全般に当てはまると考えられていたのである。

ところが，1960年代以降，主に比較文化研究を通して，そうした心の普遍性を前提とする見方に，異議が唱えられるようになった。例えば，第８章で紹介したピアジェの認知発達理論や，その流れを汲むコールバーグの道徳性理論では，発達段階を普遍的なものと見なしていたが，異なる文化圏では必ずしもその理論（特に最終段階）が当てはまらないことが示された。また，ミュラー・リヤー錯視（第３章参照）など，ごく単純な知覚においても文化や民族によって異なることや，後述する自己高揚動機や基本的な帰属のエラー（第11章参照）など，社会心理学の代表的な知見が必ずしもアジアでは強く見られないことも明らかにされてきた。

これらの文化差について，当初は文化の成熟度の違いとして解釈されることもあったが，やがて理論そのものが文化的な偏りを含んでいる，すなわち欧米（白人）中心的，男性中心的であるとして批判されるようになった。このような見方の背後には，1960年代以降の文化相対主義や多文化主義の台頭，フェミニズムの興隆，アジア圏の経済的発展，異文化交流の広がりなどが関係している。また，1991年の東西冷戦の終結とその後のグローバル化の進展も，文化心理学の追い風となった。

（2）文化心理学の誕生

上記のような社会変動や隣接諸科学（社会学や文化人類学など）の影

響を受け，心理学を研究する枠組みについても見直しが進められた。ブルーナーは，1960年代の認知革命をリードしてきた人物の一人であるが，認知主義は人間を情報処理者として見るあまり，意味を求める存在としての側面を軽視し，結局は行動主義と同じ轍を踏んでしまったと述べている（Bruner, 1990）。その上で，人の認識には，ものごとの因果関係や真実を探求するための論理―科学的様式と，自他の行為や人生の意味を理解するためのナラティブ（物語）様式があるとし，文化的存在としての人間を探究するには，後者に焦点を当てることが重要であると主張した。

同じころ，シュウェーダーは，自然科学をモデルとした実証主義的アプローチを取る伝統的な心理学に対して，心のプロセスと文化的文脈の相互関連性を解釈学的アプローチによって明らかにする心理学を「文化心理学」として位置づけた（Shweder, 1990）。こうして文化心理学という学問が新たに誕生することになった。ただし，その後の研究は，必ずしも解釈学的アプローチにとどまらず，実証主義的アプローチを取ることも多くなっている。また，初期の比較文化研究が陥りがちであった「文化は原因（独立変数），行動はその結果（従属変数）」とする考え方ではなく，「人が文化を作り，文化が人を作る」という相互構成的な観点（図13－1）に立脚した研究活動が展開されている。

第１章で見たように，心理学の研究の中心は今も欧米（特に北米）にあるが，文化心理学の研究の増加は，従来の欧米中心の心理学の知見を是正したり，拡大したりするのに貢献してきている。

図13－1　文化心理学の考え方：「慣習と意味の構造」と「心のプロセスと構造」の相互構成的関係（北山，1997）

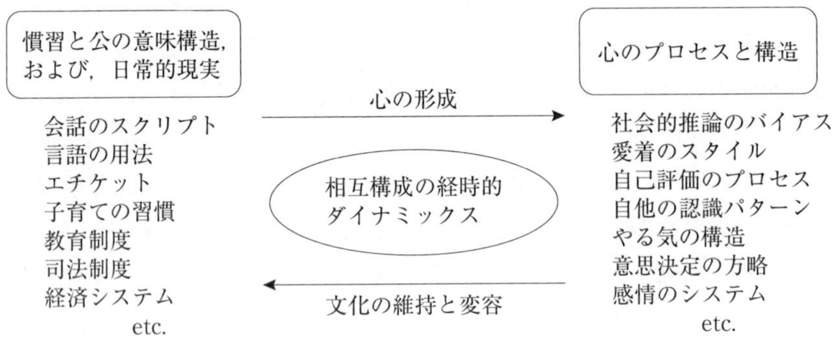

2. 文化差を捉える枠組み

（1）個人主義と集団主義

文化差を理解する枠組みとして，心理学では，個人主義と集団主義という指標がしばしば用いられてきた。広く使われている定義に従えば，個人主義は「集団よりも個人の目標を優先する傾向」，集団主義は「個人よりも集団の目標を優先する傾向」とされる。ホフステード（Hofstede, 1991）が世界50か国と３地域のIBMの社員を対象に行った調査では，個人主義の高い国として英米圏が上位に上がっており，日本は真ん中ぐらい（22位）で，個人主義が強いとも，集団主義が強いとも言えない結果となっている。

しかしながら，1960年代以降，日本の高度経済成長や日米貿易摩擦などを背景に，「日本人は集団主義的である」「日本人は特殊である」といった論調の日本人論が数多く生み出されるようになった。これらの議論の多くは，個別のエピソードを恣意的に積み重ねていたり，他の文化圏との適切な比較を欠いていたりと，実証的な裏づけに乏しいものであった（高野，2008）。心理学における実証研究が進み，複数の研究を統合してメタ分析が行われるようになったのは，1990年代以降のことになる。

それらの研究からは，日本人は集団主義的と言えないばかりか，場合によってはアメリカ人よりも個人主義的な傾向を示すことが明らかにされている（Oyserman, et al., 2002；高野・纓坂，1997）。また，この二分法には，個人主義が集団主義よりも優れており，文化的にも進んでいるというニュアンスが含まれていたほか，個人主義文化圏に該当するのは北米と北西ヨーロッパであり，それ以外は全て集団主義文化圏とするなど，欧米先進国を中心とした見方であった。

（2）文化的自己観

近年では，そうした優劣の価値から離れた枠組みとして，マーカスと北山が提唱した文化的自己観がよく用いられている（Markus & Kitayama, 1991）。文化的自己観とは，特定の文化圏内で歴史的に作り出され，社会的に共有されている暗黙の人間観であり，「人間とはこういうものだ」という見方のことを指す。図13－2に示すように，西洋（特

図13－2　文化的自己観（Markus & Kitayama, 1991）

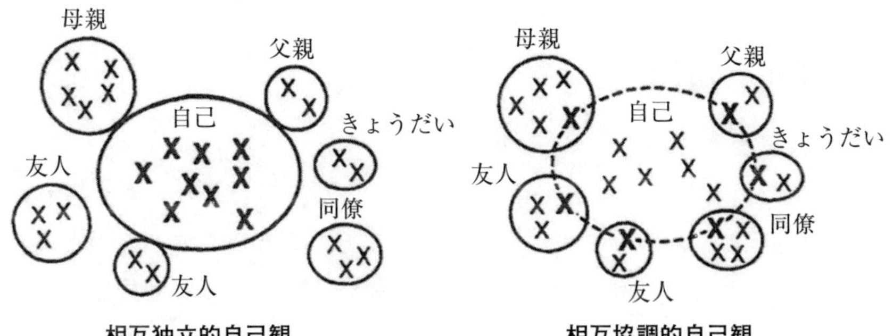

に北米）では自己を周囲とは切り離された独立した主体と見なす相互独立的自己観が優勢であるのに対し，東洋（特に東アジア）では人を他者や周囲と結びついた関係志向的存在と見なす相互協調的自己観が優勢となっている。

文化的自己観は，当該文化圏に属する人々の感情や認知，行動を方向づける。例えば，相互独立的自己観が優勢な文化圏では，自己を定義づける要素は個人の内部にあると見なされ，それらの属性（能力やパーソナリティ，信念など）を実現することが重要な課題となる。具体的には，ユニークであることや自己表現，自己実現などに重きが置かれる。これに対して，相互協調的自己観が優勢な文化圏では，自己の定義は社会的文脈に依存し，他者との調和や場に応じたふるまい，与えられた役割の遂行などが重視される。

マーカスらの文化的自己観は，個人主義と集団主義の見方を引き継いだものと言えるが，個人や社会が選び取った立場（主義）としてではなく，歴史的に培われた人間観（主体の捉え方）の違いと見なしている点，集団と言うよりも他者との関係性を重視している点，個人主義でなければ集団主義であるといったように，相互背反的な枠組みで文化を捉えない点などが特徴として挙げられる。

3. 文化と自己

(1) 自己概念

「あなたはどのような人ですか？」といきなり尋ねられたら，多くの人は戸惑うことだろう。しかし，聴き手がどのような人で，どのような場面かがわかれば（例えば，サークルの先輩と話す，就職面接でアピールするなど），何をどう伝えるかがある程度定まってくるものと思われる。

「カラオケが好き」「人見知りする」など，人が自分について持っている知識やイメージのことを自己概念と呼ぶ。自己概念を測定する方法の一つに，「私は……」で始まる文章を20個作成してもらう20答法がある。これを日本とアメリカの大学生を対象に行ったところ，アメリカでは抽象的な心理特性（陽気，活動的など）によって自己を語ることが多いのに対し，日本では社会的な位置づけ（学生，女性，○歳など）への言及が多くなっていた（Cousins, 1989）。一方，「家庭では私は……」といったように文脈を特定すると，日本人のほうが心理特性によって語る傾向が強くなったと言う。また，20答法の内容が肯定的なものか否定的なものかを分析してみると，自己に対する肯定的な記述はアメリカで多く，否定的な記述や矛盾した記述は日本や中国で多いことが示されている（Kanagawa, et al., 2001；Spencer-Rodgers, et al., 2009）。

（2）自尊感情

自尊感情とは，自分に対する感情や評価のことを指す。上述した自己概念の捉え方にも現れているように，東アジア（特に日本や韓国）の人の自尊感情はアメリカを含む諸外国の人と比べると，概して低いことがわかっている。また，北米では自己高揚動機（自己のよい側面を肯定的に評価し，それを維持したり高めたりする傾向）やポジティブ幻想（自己を実際以上に肯定的に捉えること）の存在が確認されているが，東アジアではあまり見られず，むしろ自己批判的な傾向（自己の欠点に着目する傾向）が強く見られる。一般に，自尊感情は適応や精神的健康と関連が深いとされており，こうした自己批判・否定傾向を問題視する向きもある。

日本をはじめとする東アジアの人が，自分のことを否定的・批判的に捉えがちなのはなぜだろうか。まず，そのように振舞うことが「謙虚な人」として社会的に受容されやすく，関係性を維持するのに有用だという点が挙げられる。さらに，自己批判・否定傾向は，他者高揚と結びついていることが明らかになっている。すなわち，自分のことを低く評価する一方で，友人や家族などについては高く評価し（唐澤，2001），彼らが自分に対して肯定的な評価をしてくれることを暗黙のうちに期待している（Muramoto, 2003）。相互協調的自己観が優勢な文化圏においては，自分で自尊感情を高めるというよりは，身近な人と互いにサポートし合うことによって，間接的に自尊感情を維持し，高めている可能性があると考えられる。

また，自己批判・否定傾向がより能動的な意味を持つことを示した研究もある。ハインらは日本人大学生とカナダ人大学生を対象に架空の創造性テストを実施し（Heine, et al., 2001），半数には肯定的フィードバックを与え（成功条件），残り半数には否定的フィードバックを与えた（失敗条件）。すると，カナダ人大学生は肯定的フィードバックを受けたとき，日本人大学生は否定的フィードバックを受けたときに，それぞれ次の（類似した）課題に長く取り組む傾向が見られた（図13－3）。このことは，日本人に見られる自己批判傾向が，単に自分の欠点に着目するだけでなく，それを反省や努力によって克服していこうとする姿勢（自己向上）につながっていることを示唆している。

これまで見てきたように，文化心理学の研究では，特定の次元（自尊感情や幸福感など）における文化差だけに着目するのではなく，それぞれの概念が当該文化圏でどのような意味や機能を持ち，他の行動とどのように有機的に結びついているのか，またそうした傾向がどのようにして生み出されてきたのか等を明らかにすることを目指している。

図13－3　課題への取り組み時間（Heine, et al., 2001）

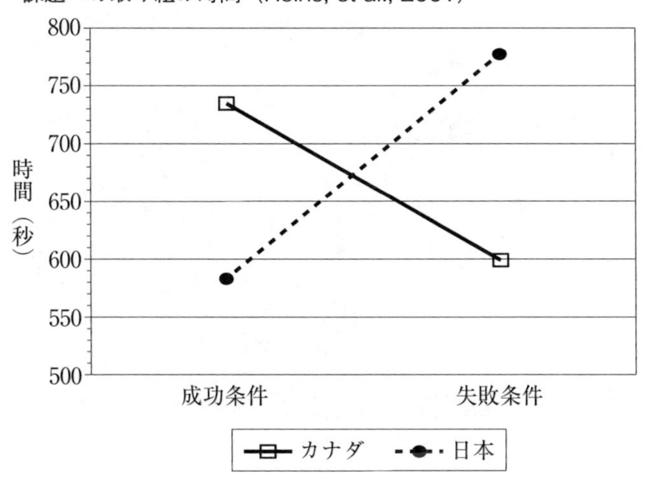

4. 文化と認知

(1) 知覚と原因帰属

自分をどう見るか，ということに加え，周囲の人や物，出来事をどう捉えるかということにも文化差が見られる。冒頭でミュラー・リヤー錯視について触れたが，ロールシャッハの刺激（第10章参照）に対する反応にも，文化によって差が見られることが示されている。例えば，中国人は刺激全体に対して反応を示すのに対して，アメリカ人は部分に着目する傾向があると言う（Abel & Hsu, 1949）。

こうした認知の文化差については，近年，北米と東アジアを対象とした研究の中で精力的に検討されている。例えば，図13－4のような刺激を提示し，中心人物の表情を判断してもらうと，アメリカ人大学生は中心人物を見続けるのに対し，日本人大学生は中心人物から周辺人物へと視線を動かし，周辺人物の表情を考慮した上で判断すると言う

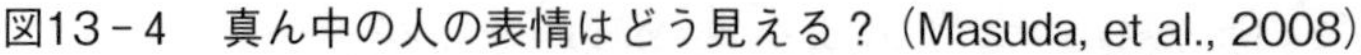
図13－4　真ん中の人の表情はどう見える？（Masuda, et al., 2008）

(Masuda, et al., 2008)。

このように中心だけを見るか，周囲の状況を含めて見るかという違いは，視覚刺激に対する反応だけでなく，出来事の原因をどこに求めるかという原因帰属においても見られる（第11章参照)。例えば，殺人や不正取引など，実際に起きた事件の報道を比較すると，日本や中国の新聞では外的要因（個人を取り巻く状況や社会）に原因を求める傾向が強いのに対し，アメリカの新聞では内的要因（個人の意図やパーソナリティ，精神的問題など）に原因を求める傾向が強いと言う（Menon, et al., 1999；Morris & Peng, 1994)。後者のように，出来事における個人内要因を過大評価する傾向を基本的な帰属のエラーと呼ぶが，アジアではそうした傾向は必ずしも強く見られない。同様の文化差は，オリンピック報道においても見出されている（Markus, et al., 2006)。図13－5に示すように，アメリカの報道では選手の個人的特徴に言及することが多いのに対し，日本ではそれ以外の側面への言及も多く，多様な視点から報道がなされていることが伺える。

図13－5　2000年と2002年のオリンピック報道の内容（Markus, et al., 2006）

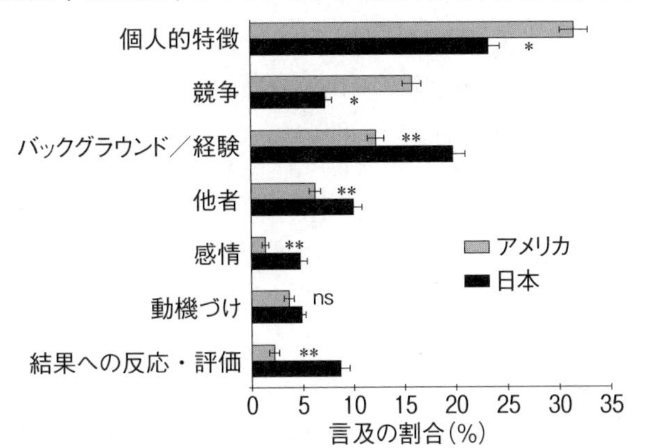

（2）分析的思考と包括的思考

ニスベットは，上述した知覚や原因帰属のほか，言語や論理などに見られる文化差を，分析的思考と包括的思考に分けて整理している(Nisbett, 2003)。欧米で優勢な分析的思考では，人や物，出来事などを理解する際，対象を周囲の状況から切り離し，その対象が持つ属性に焦点を当てる。そして，その属性を安定的で本質的なものと見なし，カテゴリーに分類したり，因果的推論を行う。一方，東アジアで優勢な包括的思考では，対象は文脈とともにあると考え，ものごとを全体的・俯瞰的に捉えようとする。対象の属性は状況によって変わると見なし，その中に矛盾があっても許容する。

こうした思考様式の違いは，上述した文化的自己観とも重なり合うものだが，ニスベットはその主なルーツが西洋と東洋の古代思想にあるとしている。また，それぞれの文化圏がたどってきた歴史も，思考様式や人間観に影響すると考えられている。実際，日本とアメリカに加え，ヨーロッパの大学生を対象にした研究では，分析的思考や独立性志向がアメリカで最も強く，日本で最も弱いこと，ヨーロッパはその中間に位置することを見出している（Kitayama, et al., 2009）。北山らは，古代ギリシャに起源を持つ分析的思考や個人の独立性の強調が，アメリカの歴史（自発的入植やフロンティアの開拓）の中で，より一層推し進められたのではないかと論じている。

5. 文化比較の方法

(1)「国＝文化」？

最後に，文化をどう捉えるかという問題について触れておきたい。本章で紹介した研究の多くは，日本とアメリカなど，主に東アジアと北米を比較したものである。文化心理学の研究の多くが，文化を便宜上，国（もしくは民族）単位で捉え，比較を行っているが，そのようなアプローチに対する批判は少なくない。

実際，文化の単位は必ずしも国に限定されるわけではない。国以外の文化の単位としては，これまで言語や宗教，生業，社会階層，地域などについて検討されている。このうち，社会階層については，高いほど個人の主体性や独自性を重んじ，低いほど他者との関係性を重んじる傾向にあることが明らかにされている。また，生業については，牧畜業に携わっている人は分析的思考を示すのに対し，農業や漁業に従事している人は関係志向的で包括的な思考を示す傾向があると言う。

その一方で，国は歴史的・制度的・地理的・民族的に多くの条件や遺産を共有しており，文化を構成する要素の有機的なまとまりと見なしうる（東，2003）。安易な国間の比較とそれによる結論づけは慎むべきであるが，ある国で得た標本がどのような下位文化（ジェンダー，世代，地域，階層，エスニシティなど）を代表しているのかを明確にし，一般化しうる範囲を限定しておくことで，比較的効率よく有用な知見を引き出せると思われる。また，文化が自明の生活様式・行動様式である以上，当該文化圏に所属する人々が，自分たちの行動の特徴や意味を明らかにするのは容易ではない。そこに文化比較をする意義があり，比較対照によってはじめて見えてくるものがあると言える。

（2）多文化間比較

文化を比較するにあたっては，2つの文化圏ではなく，3つ（もしくはそれ以上）の多文化間比較をすることも有用である（東，2003；川田，2008）。文化差を扱う研究の多くは，西洋と東洋など，対照的な2つの文化圏を比較しているが，こうした場合，どうしても両者の差異のみがクローズアップされやすく，2つの集団間の共通性や，同一文化圏内での差異は捨象されがちである。一方，多文化間比較をすることで，文化差を絶対的なものとしてではなく，相対的に捉える視点が獲得される。

例えば，幼児教育を日本，中国，アメリカの3つの文化圏で比較した研究によれば（Tobin, et al., 2009），幼児に言葉で表現することを求める傾向は中国やアメリカで強く見られるのに対し，日本ではさほど見られないという。また，東アジアとヨーロッパの7か国の教科書を比較した研究からは，主人公が問題にぶつかったときに自分を変える物語は，韓国や日本で多く見られるのに対し，自分ではなく周囲を変えていく物語は，中国やヨーロッパで多いことが示されている（塘，2008）。

こうした知見は，「東アジア」として一括りにされがちな文化圏の中にもさまざまな違いが存在していることを示している。このことは「欧米」についても同様であろう。したがって，文化差をより丁寧に見ていくためには，「西洋 対 東洋」といった慣習的な二分法に頼るのではなく，複数の文化圏を比較したり，文化内変動（下位文化や時代による変化）にも目配りしていく必要があると考えられる。このような手法を取ることで，文化心理学の知見がステレオタイプを生み出す道具としてではなく，異文化，さらには自文化を理解するための道具となっていくことが期待される。

引用文献

Abel, T. M., & Hsu, F. L. K. (1949). Some aspects of personality of Chinese as revealed by the Rorschach Test. *Rorschach Research Exchange and Journal of Projective Techniques*, 13, 285-301.

東 洋（2003）．日米比較研究ノート―文化心理学と異文化間比較―　発達研究，17, 107-113.

Bruner, J. S. (1990). *Acts of Meaning*. Cambridge, MA: Harvard University Press.（ブルーナー，J. 岡本夏木・吉村啓子・仲渡一美（訳）(1999)．意味の復権―フォークサイコロジーに向けて　ミネルヴァ書房）

Cousins, S. D. (1989). Culture and self-perception in Japan and the United States. *Journal of Personality and Social Psychology*, 56, 124-131.

Heine, S. J., Kitayama, S., Lehman, D. R., Takata, T., Ide, E., Leung, C., & Matsumoto, H. (2001). Divergent consequences of success and failure in Japan and North America: An investigation of self-improving motivations and malleable selves. *Journal of Personality and Social Psychology*, 81, 599-615.

Hofstede, G. (1991). *Culture and Organization: Software of The Mind*. Maidenhead, UK: McGraw-Hill.（ホフステード，G. 岩井紀子・岩井八郎（訳）(1995)．多文化世界：違いを学び共存への道を探る　有斐閣）

Kanagawa, C., Cross, S. E., & Markus, H. R. (2001). " Who am I?" : The cultural psychology of the conceptual self. *Personality and Social Psychology Bulletin*, 27, 90-103.

唐澤真弓（2001）．日本人における自他の認識―自己批判バイアスと他者高揚バイアス―　心理学研究，72，195-203.

川田順三（2008）．文化の三角測量：川田順造講演集　人文書院

北山 忍（1997）．文化心理学とは何か　柏木惠子・北山 忍・東 洋（編著）文化心理学：理論と実証　東京大学出版会　Pp.17-43.

Kitayama S., Park H., Sevincer A. T., Karasawa M., & Uskul A. K. (2009). A cultural task analysis of implicit independence: Comparing North America, Western Europe, and East Asia. *Journal of Personality and Social Psychology*, 97, 236-255.

Markus, H. R., & Kitayama, S. (1991). Culture and the self: Implications for cognition, emotion, and motivation. *Psychological Review*, 98, 224-253.

Markus, H. R., Uchida, Y., Omoregie, H., Townsend, S. S. M., & Kitayama, S. (2006). Going for the gold: Models of agency in Japanese and American contexts. *Psychological Science*, 17, 103-122.

Masuda, T., Ellsworth, P. C., Mesquita, B., Leu, J. Tanida, S., & Van de Veerdonk, E. (2008). Placing the face in context: Cultural differences in the perception of facial emotion. *Journal of Personality and Social Psychology*, 94, 365-381.

Menon, T., Morris, M. W., Chiu, C. Y., & Hong, Y. Y. (1999). Culture and the construal of agency: Attribution to individual versus group dispositions. *Journal of Personality and Social Psychology*, 76, 701-717.

Morris, M. W., & Peng, K. (1994). Culture and cause: American and Chinese attributions for social and physical events. *Journal of Personality and Social Psychology*, 67, 949-971.

Muramoto, Y. (2003). An indirect self-enhancement in relationship among Japanese. *Journal of Cross-Cultural Psychology*, 34, 552-566.

Nisbett, R. E. (2003). *The Geography of Thought: How Asians and Westerners Think Differently . . . And Why*. New York: Free Press.（ニスベット，R. 村本由紀子（訳）（2004）．木を見る西洋人，森を見る東洋人　ダイヤモンド社）

Oyserman, D., Coon, H. M., & Kemmelmeier, M. (2002). Rethinking individualism and collectivism: Evaluation of theoretical assumptions and meta-analyses. *Psychological Bulletin*, 128, 3-72.

Shweder, R. A. (1990). Cultural psychology: What is it? In J. W. Stigler, R. A. Shweder, & G. Herdt (Eds.), *Cultural Psychology: Essays on Comparative Human Development*. New York: Cambridge University Press. Pp.1-43.

Spencer-Rodgers, J., Boucher, H. C., Mori, S. C., Wang, L., & Peng, K. (2009). The dialectical self-concept: Contradiction, change, and holism in East Asian cultures. *Personality and Social Psychology Bulletin*, 35, 29-44.

高野陽太郎（2008）．「集団主義」という錯覚：日本人論の思い違いとその由来　新曜社

高野陽太郎・纓坂英子（1997）．“日本人の集団主義”と“アメリカ人の個人主義”―通説の再検討　心理学研究，68，312-327.

Tobin, J., Yeh, S., & Karasawa, M. (2009). *Preschool in Three Cultures Revisited: China, Japan, and the United States*. Chicago: University of Chicago Press.

塘 利枝子（2008）．教科書に描かれた発達期待と自己　岡田 努・榎本博明（編）パーソナリティ心理学へのアプローチ　自己心理学５　金子書房　Pp.148-166.

参考文献

柏木惠子・北山忍・東 洋（編）（1997）．文化心理学　東京大学出版会

ニスベット，R.（著），村本由紀子（訳）（2004）．木を見る西洋人，森を見る東洋人　ダイヤモンド社

学習課題

1．本章で紹介した20答法をやってみよう。あなたの回答は「日本人的な特徴」と一致するだろうか？

2．自分の異文化体験を振り返ってみて，文化を超えた共通性を感じた点と，文化による違いや違和感を覚えた点について，それぞれ書き出してみよう。

14　心理統計学の役割

高橋秀明

《学習のポイント》 心理学では統計学を多用する。心を数値化し，統計的に処理することには，どのような意味があるのだろうか。このような疑問に答えつつ，心を測る物差しと心理統計学の基礎を概説する。
《キーワード》 尺度水準，記述統計，要約統計量，推測統計，母集団と標本，有意性検定

1．心理学と統計学

第2章で，心理学研究はデータに基づいて行われており，データ収集については第2章で検討し，データ分析については第14章で検討すると書いた。そして，第3章から第13章では，心理学での個別の研究分野で蓄積されてきた成果（の基本的な内容）が扱われてきたわけであるが，それぞれの章で引用されている研究のほとんどが，データに基づいた研究であったことも，第2章で書いた通りである。

そこで，本章，第14章では心理学におけるデータ分析について検討するが，その内容は統計学で扱われるものである。統計学は，最近のICTの進展に伴ってその進展の速度を増しているが，心理学も統計学の成果も取り入れながら進展していると言える。

データ収集とデータ分析とは合わせて「研究方法」であるが，一般的には「研究法」と言われる。心理学の内容については一般的には「理論」と言われる。理論と方法論は表裏一体の関係にあると言えよう。本章で

は，このような心理学と統計学との関係について，広くは，理論と方法論との関係について，データに基づいた研究の意味や意義という観点から，検討していこう。

そこで，あらためて，統計学の意味を確認しておこう。単純には，統計学とは統計に関する学問である。それでは，統計とはどのような意味であろうか？　例えば手元にある国語辞典では，次のように説明されている（山田ら，2020，p.1092）。

> 統計　集団に属する個々のものに付随する数量について，幾つかの集団を相互に比較したり一つの集団の内部での分布状態を調べたりすること。また，その時に計算される，集団の特性を表わす数値

この説明を具体例で補足すると次のようになる。具体例として，日本人の身長とする。

「集団に属する個々のものに付随する数量」：日本人という「集団」に属する私たち一人一人には，年齢や体重などさまざまな数量が付随しているが，その内の「身長」という数量

「幾つかの集団を相互に比較したり」：例えば，1924年と2024年の身長の違いを比較するとか，2024年の各都道府県の住民の身長の違いを比較する，ことができる

「一つの集団の内部での分布状態を調べたり」：2024年の日本人全体の身長が，どのような分布になっているか，つまり，最も小さい身長から最も大きい身長の数値を調べたり（これは「範囲」と言われる），身長の平均を調べたり（これは「平均値」と言われる）することができる

「その時に計算される，集団の特性を表わす数値」：上記の「範囲」や「平均値」のこと

「私たち一人一人には，年齢や体重などさまざまな数量が付随している」と書いたが，この「さまざまな」の中には，心理学が研究対象としている心の特徴を示しているだろうものも含まれているだろう，というのが，心理学研究の始まりとなる。それを「数量」として示そうとしてきたのが，大げさに言うと，科学としての心理学研究の歴史であるということである。そこで，観察と測定との関係の検討に移ろう。

（1）観察と測定

データ収集は観察によって行うことができるが，統計学との関連からは，データ収集は測定によって行われると言うこともできる。そして，測定するためには，第２章で検討したが，計測器や道具を使って，その結果を記録しておくことが必要となる。測定に関わる科学は，計量学と言われる。心理学においても，計量心理学がある。

測定するためには，尺度が必要となる。測定するための規準である。心理学においても，心理尺度がある。つまり，心理学研究の対象に心理尺度を用いて測定するわけである。心理測定法と言われる。

第２章で，客観的観察と主観的観察を区別したが，心理尺度を用いた測定でも同じである。研究者が参加者という他人に心理尺度を用いて測定する客観的観察と，参加者自身が心理尺度を用いて自分自身を測定する主観的観察という区別である。

第２章で取り上げた「知能検査」は，心理テスト（検査）の１つである。心理テストは，標準化された心理尺度と言える。検査のために利用されるので，標準化という基準をクリアする必要がある。

研究のために開発されてきた心理尺度も多数ある。第２章で観察における問題として，信頼性と妥当性について検討したが，例えば，堀・山本（2001）で紹介されている心理尺度は，一定の研究の蓄積のもとに，その信頼性や妥当性が担保されていると言える。

(2) 尺度水準について

研究対象を尺度を利用して測定して，その結果を数値として表すことができるわけであるが，同じ数値であっても区別する必要がある観点があり，尺度水準や測定値の水準と言われる。

第2章で測定器による観察について説明した際に，ストップウォッチによる時間計測について触れた。このように，測定器によって物理的な特徴を数値として測定されたものは，比率尺度と呼ばれる。つまり，原点ゼロがあり，例えば，2時間は1時間の2倍であるというように，数値が比率として捉えることができるわけである。なお，厳密には，比率尺度であっても，測定の精度の問題があり，後述する。ここでは，数値を示す際は，常に有効数字を意識し，表示する数値の桁に注意することが大切であると指摘するにとどめておく。

心理学をはじめとする，人間を対象にした観察で得られた測定値で，比率尺度と呼ばれるものはごく限定される。上記の「身長」というのは立派に物理量であり，心理学研究でも収集される可能性はあるが，心理学研究で収集される測定値は多くの場合，比率尺度とは見なせない尺度と言われる。

まず，原点ゼロを想定することができない尺度がある。例えば，学力テストとして能力や知識を測定することが行われているが，そのテストの結果がゼロ点であっても，能力や知識が皆無であることは意味しない。標準化されているテストであれば，90点と80点との差は10点という間隔であるというように判断することは可能であろう。これは，間隔尺度と呼ばれ，比率尺度と合わせて，量的変数と総称される。

対して，質的変数と総称されるものに，名義尺度と順序尺度（あるいは順位尺度）とがある。上で学力テストの得点は間隔尺度と見なせるように説明したが，厳密には，順序尺度であろう。つまり，例えば，90点と80点とでは，90点のほうが大きい（学力が高い）と判断できるのみであり，90点と80点との差10点と，80点と70点との差10点とは等しいとは言えない，ということである。

最後に名義尺度であるが，これは，文字通り，名前を付けることができたということである。例えば，参加者の個人属性について，性別によって「男性には数値１」「女性には数値２」というようにコードを割り付けることはできるが，この数値自体には意味は無い。男性と女性とで異なる数値を割り付けることで区別ができる，という意味があるだけである。

名義尺度は一見単純な尺度であると思われるが，実は複雑な問題をはらんでいることも指摘しておこう。つまり，例えば，性別について，生物学的な意味でのセックスと，社会学的な意味でのジェンダーとの区別ということがあり，ある観察対象について名前を付けるだけでも，それ相応の理由や手続きが必要となるわけである。

第２章で量的研究と質的研究との区別について触れたが，以上の，量的変数であるデータに基づいた研究が量的研究，質的変数であるデータに基づいた研究が質的研究である。そこで，質的研究で顕著であるが，観察した結果を，名義尺度であっても，「言葉」にする，コード化することができるだけでも，大いなる進歩である，ということも言えることは事実であろう。人間の営みは，ことほどさように複雑であるということである。

（３）測定の精度と誤差

第２章で研究方法の基礎は観察であること，観察の条件を限定することで，実験や調査（質問紙と面接）という方法をとっているのだということを検討し，研究方法の最後に事例研究についても検討した。本章ではここまでで，観察とは測定であり，そのために尺度水準の異なる心理尺度を用いて測定を行っているのだということを検討してきた。

そこで，実際のデータ分析の実務について検討する前に，その測定の精度および測定の誤差について検討しておきたい。

4つの尺度水準を区別したが，測定の精度は，名義尺度が最も低く，順序尺度，間隔尺度，比率尺度の順に精度が上がっていくと捉えることができるだろう。その意味は，比率尺度であれば，得られたデータから四則演算を行うことができるので，科学者間で客観的な議論を行うことが容易になる一方で，名義尺度であれば，得られたデータは基本的には自然言語であるので，科学者間で客観的な議論を行うことが困難になりやすいということである。質的研究を行うためには，そのよって立つ理論について勉強しておくことが必要であると言われることもある。つまり研究者間で使われる自然言語の意味が同じではない可能性が高い，ということである。

それでは，比率尺度であれば客観的なデータを得ることができるだろうか？

そこで，まずは，測定には誤差が付きものであることを認めるか否か，という議論があり，これも，第2章で検討した研究者のパラダイム効果に関連した議論であると言える。例えば，ある理論に従った質的研究は研究者の実践であるので，誤差の議論自体を認めていない，ということである。

比率尺度による測定ということで，代表的なものは，計測器を用いた測定である。本章の最初に「身長」を例にしたが，身長を測定するために用いられる計測器によって，精度に違いがあることは容易に理解できるだろう。身近な方法として，計測器と言うよりも道具と言うべきだが，例えば，自宅の壁や柱に子どもの背中を付けて頭の上に定規を当てて，壁や柱に印を付ける，そして，その印から床までメジャーを当てて測るというものがある。しかし，定規よりも三角定規を使ったほうが正確に測れるとか，三角定規を使ったとしても複数回繰り返してみると同じ結果にならない，ということも多くの読者が経験したことがあるだろう。また，メジャーの最小目盛より小さい場合には，目分量で判断する必要があり，一意には決められない。このように，データを取るとは経験的なことであり，そこには誤差があるのだ，ということである。計測器や道具を用いた測定であっても，さらに，有効数字や端数処理の問題もあることは，ここで指摘するにとどめておこう。

ここで，その子どもの身長を測る，ということを厳密に考えてみると，事例研究であると捉えることができる。自分の子どもであればなおさら事例研究を行う意味や意義も生まれてくる。そして，子どもの身長を測定する場合でも，その真なる値を決める際に，1回の測定で満足する場合もあれば，複数回の測定を繰り返して真なる値を見極めようとする場合もある，ということである。この複数回の測定を繰り返して真なる値を見極めるための方法も，統計学の対象となる。つまり，複数回の測定を同じ対象に繰り返すこともできるし，異なる複数の対象に行うこともできる，ということである。

統計学では，集団あるいは多数のデータを対象とするが，その前提として一つ一つのデータを吟味することが大切である，ということである。このように考えると，量的研究であっても計測器の精度の問題は，研究者の実験計画効果に相当することがわかるだろう。

測定の誤差の問題として捉えることができるが，いわゆる欠損値についても簡単に検討しておきたい。

欠損値とは測定の結果として得ることができなかった値ということである。参加者が結果を示さなかった場合もあるが，参加者が結果を示したが研究者の想定とは異なった場合もある。

質問紙調査でよく経験するが，参加者が回答するのを忘れるという場合があり，参加者が結果を示さないということである。図14－1の回答cは，順序尺度で回答が無かった場合を示している。それでは，図14－1の回答aや回答bはどのように判断したらよいだろうか？　いずれも参加者は結果を示しているが研究者の想定とは異なる場合である。

図14－1　順序尺度での回答例

	まったくそう思わない	あまりそう思わない	ややそう思う	とてもそう思う
回答a	1	2 ○	3	4
回答b	1	②	③	4
回答c	1	2	3	4

回答a：順序尺度の回答で，参加者が設定された目盛りの中間に丸印を付ける

回答b：順序尺度の回答で，参加者が設定された複数の目盛りに丸印を付ける

これらの例であれば，いずれの参加者も，「2：あまりそう思わない」「3：ややそう思う」の中間くらいの判断であったと解釈することが可能であろうが，研究者の判断にすぎない。その上で，再度，回答cを考えてほしい。

回答c：順序尺度の回答で，どの目盛りにも丸印が付いていない

つまり，この参加者は，該当する目盛がなかったために丸印を付けなかった可能性を排除できない，ということである。そこで，例えば，図14－2のようにするべきであろうか？　つまり，このような質問項目の回答の場合には，4段階ではなくて，5段階として「3：どちらでもない」という目盛りを入れるべきであったと判断することもできるが，これも，厳密には，研究者の実験計画効果に相当することである。つまり，研究で使用した質問紙の妥当性・信頼性の問題であるわけである。

図14－2　順序尺度での回答方法の変更案

まったくそう思わない	あまりそう思わない	どちらでもない	ややそう思う	とてもそう思う
1	2	3	4	5

研究者は，このような個別のデータについて，そのようなデータが記録されてしまった理由を吟味して，意思決定をして適切な対応をした上で，有効なデータに対してのみ，次のデータ分析に進むことになる。

2. データ分析：記述統計と推測統計

データ分析は，記述統計と推測統計に大別される。なお，具体例は第3節で示すので，そこまでは，文のみで説明を続ける。まず，記述統計によって複数データを要約し，続いて，推測統計によって母集団の性質を推測する，ということである。そこで，記述統計から検討していこう。

(1) 記述統計

記述統計は，最初に，データの集約と集約に伴う可視化を行う。可視化とは図や表に結果をまとめ直す，という意味である。データの集約ということで，要約統計量があるが，データの分布に影響されることが多分にあるので，まずは，データの分布を確認することから始まる。データの分布とは，どの値にどれくらいの頻度のデータがあったのか，ということである。度数分布表やヒストグラムという可視化の方法を取る。

要約統計量としては，ここでは，代表値として平均値を，散布度（ちらばり）として分散（と標準偏差）をそれぞれ検討しよう。代表値とは，当該の集団データを代表する値という意味である。代表する値ということで，その１つの値で，その集団の特性を示している，ということである。代表値としては，平均値，より具体的には，算術平均値が使われることが一般的である。全ての値を足し上げて（総和），値の数（総数）で除した値である。散布度とは，当該の集団データが散らばっている程度を示す値ということである。散布度としては，分散が使われることが一般的である。分散とは，それぞれの値と算術平均値との差の二乗の算術平均値である。算術平均値と単位をそろえるために，分散の平方根である標準偏差が使われることも一般的と言えるだろう。

ここまでは，一つの変数のデータについて検討してきたが，２つ以上の変数のデータがどのような関係になっているかを検討することも必要になってくるが，ここでは２つの変数の関係についてのみ検討する。２変数の関連性の程度を示す値としては，相関係数が用いられることが多く，一般的にはピアソンの積率相関係数のことを指している。相関係数は，２変数の共分散をそれぞれの変数の標準偏差の積で除した値である。ここで共分散とは，それぞれの変数の偏差の積の算術平均値である。偏差は，上で記したように，それぞれの値と算術平均値との差のことである。

こうして，平均値，分散（標準偏差），相関係数を，数式ではなくて，文で説明してみたが，これらの概念の意味が理解できただろうか？　第

3節では，具体例を使いながら，これらの計算式も示しているので参照いただきたい。

（2）推測統計

第2章で実験計画法について検討したが，剰余変数の統制についての議論を，まずは，復習してほしい。実験計画法は，実験という研究方法の中で検討したが，その意味は，特定の個人と言うよりも，ある集団に関する因果関係を実証することを前提としているからである。そこで，推測統計について検討するにあたり，まずは，母集団と標本について検討しておく必要があるわけである。

個々のデータは，「標本（サンプル）」と言われる。そして，その背後に「母集団」が想定されており，標本は，母集団から抽出されたと考えるわけである。

母集団は，研究が想定する全体という意味であるが，それぞれの研究で想定している対象の一般化の程度と言ってもよい。実験や調査という研究方法を採用する研究者は何らかの仮説を持って実験や調査に臨んでいる。そこで，その仮説は，人間一般に当てはまることを想定しているのか，日本人一般に当てはまることを想定しているのか，あるいは，極端ではあるが，当該の実験や調査の参加者のみに当てはまることを想定しているのか，ということである。もちろん，最も極端には，ある特定の参加者一人のみに当てはまることを想定している仮説があってもよい。その場合には，第2章で触れた「事例研究」という位置づけのほうが適切であるという判断もありえる。

実験計画法における剰余変数の統制の議論に戻るが，それぞれの研究において，想定されている母集団から標本を抽出する際には，無作為に（ランダムに）行うことが望ましいと言える。それだけ，研究としての一般性が高まるからである。

実験では，研究目的に応じた操作を加えた実験群と何の操作も加えない統制群とを設定して，実験参加者を各群に無作為に割り当てて，実験群と統制群の実験結果を比較して，仮説が検証されたのか否かを判断する。これをランダム化比較実験と言う。

そこで，研究者は，自分の仮説を否定して，実験群と統制群との間に違いはないという仮説を立てる（帰無仮説）。そして，２つの群ともに，同じ母集団からの標本であると想定して，２群の結果に違いがない程度を確率で示すことができる，と想定する。そして，その確率を計算して（ここでは計算方法は省略する），その確率が受け入れられるか，受け入れられないかを判断する。この基準を有意水準と言い，一般的には５％が使われる。

そこで，確率が５％以下であれば，５％水準で有意差ありとして，帰無仮説が棄却され，対立仮説である，２つの群の結果には違いがある（あるいは，どちらかの群の結果が大きい）と結論づけることになる。この意味は，２つの群は，別の母集団から抽出されたと捉えることができる，というわけである。

以上は，頻度論という統計学の考え方に従った，有意性検定の考え方となる。しかし，この頻度論における推測統計の考え方は回りくどいと感じる読者も多いだろう。これに対して，データが得られたもとで，自分の仮説である対立仮説が正しい確率を直接求める方法として，ベイズ論による有意性検定の考え方が注目されるようになってきた。ここでは，その具体的な計算方法などは割愛するが，ベイズ論による推測統計の考え方が見直されるようになってきた背景の１つに，ICT の進展を上げてよいであろう。つまり，ベイズ論では，データから，その特徴を示すような統計的モデリングを行うが，そのアルゴリズムとして採用されている手法を，端的にはコンピューターが高性能になったので，研究者が使いやすくなったことがある。ベイズ論に基づく心理統計学については，豊田（2017）が参考になる。

推測統計において頻度論とベイズ論とどちらを採用するのか？　というのも，第２章で検討した研究者の実験計画効果に相当することであるが，解決したい問題に応じて頻度論とベイズ論とを使い分けるという研究者や実務家が多いことも事実である。

3. 研究例「鏡映描写実験」のデータ分析：学習課題を兼ねて

本章ではここまで，データ分析について検討してきたが，抽象的な説明であった。そこで，具体的に説明しておくために，研究テーマの事例を定めて，以下補足をしておきたい。ここでは，第２章と同じであるが，鏡映描写実験を取り上げる。読者には，第２章を復習してから，理想的には「学習課題」に取り組んでから，以下に進んでほしい。その意味では，本節は，本章の学習課題を兼ねている。さて，読者は「鏡映描写実験」において，どのような参加者から，どのようなデータを取ったらよいと考えただろうか？

（1）個別データの一覧表

第２章で検討した研究方法を使ってデータ収集を行い，そのデータを集計して，個別データの一覧（図14－3）が得られたとしよう。この表は，表計算ソフトウェアを使って作成している。

表計算とは，行と列とからなる表の形式となっており，各種の計算を

図14－3　鏡映描写実験仮想実験データ

	A	B	C	D	E	F	G	H	I	J	K	L	〜	Q	R	S
1	参加者 ID	実験月日	開始時刻	年齢	性別	性別 ID	利き手	実験条件	実験条件 ID	遂行時間 1	遂行時間 2	遂行時間 3	略	遂行時間 8	遂行時間 9	遂行時間10
2	1	1122	1030	35	女	2	右	利き手	1	95	58	50		42	50	45
3	2	1124	1100	38	男	1	右	利き手	1	105	65	75		68	74	72
16	15	1220	1400	29	NA	3	左	利き手	1	90	55	50		40	42	43
17	16	1123	1500	50	男	1	右	非利き手	2	100	55	53		43	42	42
18	17	1125	1100	48	女	2	左	非利き手	2	85	70	65		56	55	54
31	30	1221	900	NA	女	2	右	非利き手	2	100	80	70		54	53	52

（上のＳ列の続きを以下に示している）

		T	〜	AC	AD	AE	AF	AG
1	参加者 ID	逸脱数 1	略	逸脱数10	困難度	達成度	内観	行動記録など
2	1	24		4	3	3	心の中で「上」と言っていた	第 5 試行でマスターした様子
3	2	19		3	2	2	時間を測定されていて集中できなかった	速さよりも，確実さを重視して遂行している様子
16	15	22		5	1	1	第 4 試行から筆記具を短めに持つようにした	第 2 試行でマスターした様子
17	16	56		2	2	2	2 つの方向転換のところが最後まで難しかった	1530-1600雷雨の音／速さを重視して遂行している模様
18	17	47		2	2	2	つぶやきながら遂行した	第 7 試行でマスターした様子
31	30	59		8	4	4	年相応です	最後の試行まで 4 つ目の方向転換でミスする

行うことを言う。心理学研究でのデータは一般的には，行は個人のデータを，列が変数を，それぞれ示している。

さて，この仮想の実験には，合計30名が実験に参加した。実験参加者はA列「参加者ID」で区別している。途中を省略しているが，数値として1から30までを割り当てて，別々の参加者であることを示している。このデータでは，第1行が変数名を，第2行から第31行が個人データを示している。

B列「実験月日」は実験を実施した月日が4桁数字で示されており，参加者ID：1の実験月日は11月22日であったことを示している。C列「開始時刻」は実験を開始した時刻が4桁数字で示されており，参加者ID：1の実験開始時刻は10時30分であったことを示している。ちなみに，この表では，実験終了時間のデータは省略している。

D列は「年齢」であり，参加者から自己申告することを求めその回答結果を示している。単位は「歳」である。E/F列「性別／性別ID」も，参加者から自己申告することを求めその回答結果を示している。E列は「男／女」の形式で，F列は「男は1，女は2」と数字を振って性別を区別している。ここで，参加者ID：15の性別とそのIDは「NA：3」とあるが，NAとは欠損値を示しており，NAとは「not available」または「no answer」の略語であり，このような回答に3の数字を振ったということである。また，参加者ID：30の年齢も欠損値である。

G列「利き手」は参加者の利き手が左右どちらであるかを示しており，やはり，参加者に自己申告することを求めその回答結果を示している。

H/I列「実験条件／実験条件ID」は，参加者が割り当てられた実験条件を示しており，鏡映描写の練習（第3試行から第8試行）を利き手で行ったか，非利き手で行ったかを示しているが，これは実験者が記録するデータである。実験参加者ID：1から15が利き手条件で，残りの

16から30が非利き手条件で実験に参加したことを示している。この実験条件は，別々の参加者に割り当てられており，この練習の仕方という実験要因は，参加者間要因であることもわかるだろう。

J 列「遂行時間 1 」は，第 1 試行の遂行時間を秒単位で示している。実験者がストップウォッチで計測し記録したデータである。遂行時間は実際には，小数点 1 位まで記録されたが，その桁で四捨五入という端数処理をした結果となっている。次の K 列「遂行時間 2 」は第 2 試行の結果である。この仮想の実験では，第 1 試行と第 2 試行とは「プレテスト」と位置づけて，全ての参加者が非利き手で課題を遂行した。

第 3 試行から第 8 試行は「練習」であり，実験条件に応じて，利き手または非利き手で課題を遂行した。その遂行時間が L 列から Q 列に示されている（途中を省略している）。

第 9 試行と第10試行は「テスト」と位置づけて，全ての参加者が非利き手で課題を遂行した。R 列と S 列とでその遂行時間が示されている。

T 列「逸脱数 1 」は第 1 試行の逸脱数を示している。単位は「個」である。逸脱数は筆記の際に，二重線からはみ出たり，二重線に接してしまった回数と，この仮想実験では事前に定義されていた。AC 列は第10試行の逸脱数である（途中を省略している）。

AD 列「困難度」と AE 列「達成度」は実験後の質問紙調査の結果を示している。それぞれ10回の試行を全体として「どれくらい難しかったですか」「どれくらいできましたか」という質問をして，それぞれ「5：たいへん難しかった」から「1：たいへん易しかった」，「1：たいへんよくできた」から「5：まったくできなかった」の 5 段階の評定尺度で回答を求めた結果を示している。

AF 列「内観」は実験後に自由に感想を求めた際の回答（の一部）である。最後の AG 列「行動記録など」は実験中ならびに実験後に実験者が記録したもので，参加者について感じたことや実験中に起こったことの記録である。

（2）変数について

この仮想データを例にして，まずは，変数について復習しておこう。この表で列は変数と書いたが，変数にはいくつかの種類があった。

まず，量的変数と質的変数を区別することができる。この仮想データでは，年齢・遂行時間・逸脱数は量的変数である。それ以外は質的変数である。その理由は読者に考えてほしい。

次に，独立変数と従属変数を区別することができる。独立変数は，実験条件および実験条件 ID である。従属変数は遂行時間・逸脱数・困難度・達成度である。さらに，AF 列「内観」と AG 列「行動記録など」も従属変数と捉えることは可能である。それ以外は，剰余変数と捉えることは可能であるが，その理由は読者に考えてほしい。

また，読者には，第 2 章で，実験計画法においては，独立変数が原因となって，従属変数である結果が生じるという因果関係を想定していると説明したことを思い出してほしい。この鏡映描写実験では，実験条件および実験条件 ID が独立変数であり，その値は「利き手」または「非利き手」であった。つまり，練習を利き手また非利き手で行うことで，練習の結果が異なるのか否かを検討しようということであったわけである。そこで，原因変数と結果変数という言い方もある。

最後に，潜在変数と観測変数の区別についても触れておきたい。観測変数は文字通り本実験において観測された変数であり，表14－1 に示されている全ての変数が当てはまる。潜在変数とは観察されないが，他の変数から推測される変数という意味であるが，この鏡映描写実験ではどのような変数が相当するか読者にも考えてほしい。例えば，上で，従属変数として遂行時間・逸脱数をあげたが，それぞれ，10試行ずつの変数として区別されている。これらの変数や他の変数を利用して，鏡映描写の遂行を推定することができるような新たな変数を何らかのモデルを構築して推定することは可能であろう，ということである。例えば，単純には，プレテストとテストの遂行時間の比率から，遂行時間の節約率を算出するという推定方法が思いつく。

（3）記述統計：一変数の場合

データ分析は記述統計から始まる。まずは，データの分布を可視化してみよう。

図14－3では省略されていたが，実験条件：利き手の実験参加者15名の年齢は，図14－4であったとしよう。図14－4には遂行時間1のデータも入れているが，後に利用する。

さて，この年齢データの分布を，ヒストグラムで確認してみよう。以下，可視化のためのツールとしては，清水（2016）のHADを利用している。ヒストグラムの級数は「標本サイズによって変える」を指定すると，図14－5のヒストグラムが得られる。このヒストグラムでは級数は4となり，最小値28から最大値70のデータが，

区間	級代表値
28.00～38.50	33.25
38.50～49.00	43.75
49.00～59.50	54.25
59.50～70.00	64.75

という4区間に分けられて，各区間の度数が可視化されたわけである。この仮想実験では，非利き手条件15名の年齢の分布も確認して，利き手

図14－4　鏡映描写実験仮想実験データ：年齢と遂行時間1

	A	D	H	J
1	参加者 ID	年齢	実験条件	遂行時間 1
2	1	35	利き手	95
3	2	38	利き手	105
4	3	28	利き手	110
5	4	50	利き手	115
6	5	65	利き手	118
7	6	57	利き手	108
8	7	45	利き手	100
9	8	61	利き手	98
10	9	34	利き手	97
11	10	44	利き手	100
12	11	70	利き手	200
13	12	55	利き手	120
14	13	38	利き手	100
15	14	47	利き手	95
16	15	29	利き手	90

図14－5　ヒストグラム例

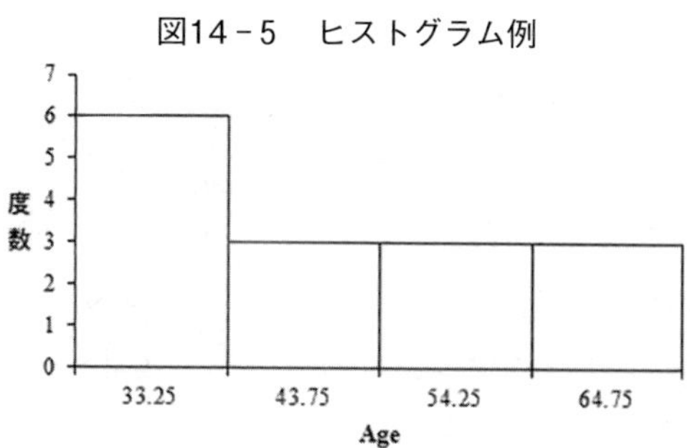

条件と大きな違いがないことを確認することになるが，ここでは省略する。

次に，要約統計量のうち，算術平均値と分散を，この年齢のデータで，実際に計算してみよう。

まず，算術平均値は，総和を総数で除した値であるので，

総和　　　　35+38+28+50+65+57+45+61+34+44+70+55+38+47+29=696
算術平均値　696/15=46.4

となる。次に，分散は，それぞれの値と算術平均値の差の二乗の算術平均値であるので，まず，それぞれの値と算術平均値との差を求めると

-11.4，-8.4，-18.4，3.6，18.6，10.6，-1.4，14.6，-12.4，-2.4，23.6，8.6，-8.4，0.6，-17.4

となるので，それぞれを二乗して総和を求めると

129.96+70.56+338.56+12.96+345.96+112.36+1.96+213.16+153.76+5.76+556.96+73.96+70.56+0.36+302.76=2389.6

となるので，総数15で除すると（小数点以下２位で四捨五入して）

分散　2389.6/15=159.3

となる。よって，標準偏差は分散の平方根をとり，12.6となる。

（４）記述統計：二変数の関係

記述統計の最後に，二変数間の関係について調べるために，ピアソンの積率相関係数を計算してみよう。ここでは，図14－４に示した，年齢と遂行時間１を使ってみよう。まず，散布図で，年齢と遂行時間１との

図14－6　散布図例

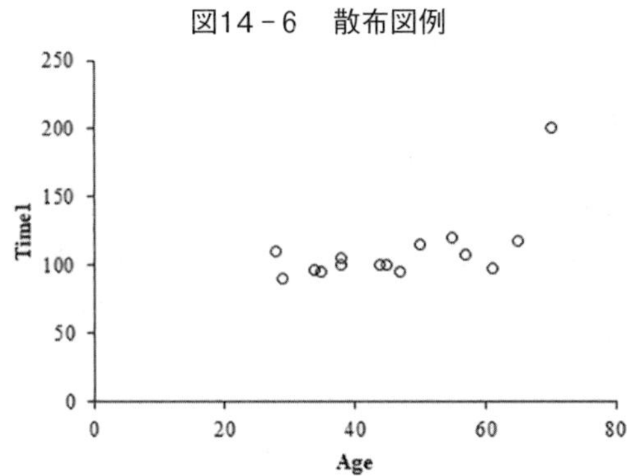

関係を可視化してみよう（図14－6）。x 軸に年齢（歳），y 軸に遂行時間（秒）としている。

相関係数は，二変数の共分散をそれぞれの変数の標準偏差の積で除した値である。共分散は，それぞれの変数の偏差の積の算術平均値である。偏差は，それぞれの値と算術平均値との差のことである。そこで，順番に計算していこう（小数点以下２位で四捨五入している）。

年齢の算術平均値　46.4
遂行時間１の算術平均値　110.1
年齢の偏差　−11.4，−8.4，−18.4，3.6，18.6，10.6，−1.4，14.6，−12.4，−2.4，23.6，8.6，−8.4，0.6，−17.4
遂行時間１の偏差　−15.1，−5.1，−0.1，4.9，7.9，−2.1，−10.1，−12.1，−13.1，−10.1，89.9，9.9，−10.1，−15.1，−20.1

そこで，年齢と遂行時間１の偏差の積の総和を総数で除して，共分散は，

(171.8+42.6+1.2+17.8+147.6−21.9+14.1−176.2+162.0+24.2+2122.4+85.4+84.6−9.0+349.2)/15=201.0

となる。

年齢の標準偏差　12.6
遂行時間１の標準偏差　25.5

であるので，これらの積は322.3となるので，相関係数は，

201.0/322.3=0.6

となる。

さて，読者には，年齢と遂行時間１との相関係数を求めてみた意味を考えてほしい。上で，利き手条件15名の年齢の分布を検討した際に，非利き手条件15名の年齢の分布も確認して，利き手条件と大きな違いが無いことを確認することについて述べたが，基礎統計量やこの相関についても同じである。図14－4の散布図例では，例えば，右上にあるデータ（参加者 ID：11）が，他のデータとは離れた位置にあることがわかるので，この参加者のデータの扱いを再考する必要がありそうだと判断することができる。

データ分析の実務としては，次に，推測統計に進むが，ここでは扱わない。

4．心理統計学を学ぶ意味

本書は『心理学概論』である。一般的に「心理学概論」で，第２章で扱った心理学研究法と，本章で扱った心理統計学を扱うことはあまりない。それは，扱っている内容が難しく，専門的なことが含まれるからである。

しかし，第２章と本章でも検討してきたように，心理学概論で扱われ

るほとんどの内容は個々の研究に基づいており，それぞれの研究は一定の研究方法に従って実験や調査を行っている。そこで，研究の結論のみを盲目的に信じるのではなくて，どのような研究方法によってどのようなデータを得て，そのデータを分析して，そのような結論を得たのかを，批判的に吟味することが必要である。そのためには，第２章の心理学研究法と，本章で扱った心理統計学についての知識と技術が必要である。そうして，心理学研究法と心理統計学とが進展しながら，心理学の内容自体も進展していく，ということである。経験科学としての心理学の宿命である。

読者には，自分が興味を持った研究について，もともとの研究論文に当たって，その研究方法やデータ分析方法にさかのぼって検討してみてほしい。あるいは心理学実験関連の面接授業などで，自らデータを収集し分析してみてほしい。それが，心理学研究法と心理統計学の知識と技術を体得できる早道であるからである。

引用文献

清水 裕士（2016）．フリーの統計分析ソフト HAD：機能の紹介と統計学習・教育，研究実践における利用方法の提案　メディア・情報・コミュニケーション研究，１，59-73.

豊田 秀樹（2017）．心理統計法　放送大学教育振興会

山田 忠雄・倉持 保男・上野 善道・山田明雄・井島 正博・笹原 宏之（編）（2020）．新明解国語辞典　第八版　三省堂

参考文献

川端一光・荘島宏二郎（2014）．心理学のための統計学入門―ココロのデータ分析　誠信書房

山田剛史・村井潤一郎（2014）．よくわかる心理統計　ミネルヴァ書房

清水裕士（編著）（2021）．心理学統計法　放送大学教育振興会

学習課題

1．第７節で示した図14－３の各変数は，名義尺度，順序尺度，間隔尺度，比率尺度のどれにあてはまるか考えてみよう。
2．第７節で検討した鏡映描写実験で仮説検定を行う場合に，鏡映描写の遂行を推定できるような新たな変数を考えてみよう。

15　心理学を学ぶということ

森　津太子

《学習のポイント》　本章では，ここまでのまとめとして，改めて心理学という学問の魅力がどこにあるのかを考える。またこの先，心理学の学びを進める人に向けて，学び方についての指針を示す。
《キーワード》　心理学の魅力，「心」への関心と研究アプローチ，心理学の学び方

1．心理学という学問の魅力

（1）心理学の多様性

本章に至るまで，心理学のさまざまな分野を紹介してきた。心理学がこれほどまでに多様な分野から成り立っていることに驚いた人も多いことだろう。ここでは，おおよそ認定心理士資格の分類にしたがい，心理学の研究法（心理統計学を含む）と11の分野を紹介した。ただし実際には，本書で紹介した以外にも，犯罪心理学，交通心理学，スポーツ心理学，音楽心理学，宗教心理学など，○○心理学と名がつく学問分野は無数にある。

こうした状況について，最後に「心理学」と付けさえすれば，何でも心理学になるのだと揶揄する向きもある。しかしこれは，人間が関わることであれば，なんでも心理学の知識や考え方が必要であることの裏返しと捉えることもできる。表15－1に示したのは，日本心理学諸学会連合（日心連）に所属している団体の一覧である。日本心理学諸学会連合

は，心理学及びその関連分野の学会が互いの連携を深めるために1999年に結成された団体である。この一覧からも，心理学が実に多様な分野によって成り立っていることがわかるだろう。

それでは，「心理学」という学問を特徴づけているのは，一体何だろうか。「心理学」と名づけられた学問分野や，「心理学」という名前こそ付けられてはいないものの，心理学に関係するとして，この団体に所属している学会には，どのような共通性があるのだろうか。以降では，このことについて考えていくことにしよう。なお表15－1には，参考までに各学会の会員数を示している。後述するように，心理学は基礎と応用，あるいは研究と実践が交錯する学問である。したがって会員には，研究を専業としている人もいれば，カウンセラーのように現場で実践家として活躍する人もいる。これも心理学系の学会の特徴の１つである。ただし，学会によって研究者（科学者）と実践家の割合は異なる。また研究者の多くは，複数の学会に所属していることが一般的なため，ここに記した会員数の総数が日本の心理学関係者の数というわけではないことにも注意したい。

（２）心理学を特徴づけるもの

心理学の歴史を語る際，よく引用されることばに「心理学の過去は長いが歴史は短い」というものがある。これは記憶の研究で名高いエビングハウス（Hermann Ebbinghaus 1850-1909）の言葉である。第１章で紹介されたように，「心」への関心という意味での心理学の起源は，少なくとも紀元前のアリストテレスにまで遡る。その意味で，心理学の過去は極めて長い。しかし心理学が，学問としての産声を上げたのは，ヴントがドイツのライプツィヒ大学に心理学の実験室を創設した1879年のことであり，両者の間には2000年以上にもおよぶ隔たりがある。他の学

表15－1　日本心理学諸学会連合の所属団体（2019年12月16日現在）

学会名	会員数	学会名	会員数
産業・組織心理学会	1110	日本社会心理学会	1654
日本 EMDR 学会	1245	日本自律訓練学会	823
日本イメージ心理学会	120	公益社団法人　日本心理学会	7882
一般社団法人　日本 LD 学会	10669	一般社団法人　日本心理臨床学会	28880
日本応用教育心理学会	311	日本ストレスマネジメント学会	310
日本応用心理学会	1105	日本青年心理学会	331
一般社団法人　日本カウンセリング学会	3604	日本生理心理学会	546
一般社団法人　日本学生相談学会	1400	日本動物心理学会	402
一般社団法人　日本家族心理学会	897	一般社団法人　日本特殊教育学会	3794
一般社団法人　日本学校心理学会	1034	日本乳幼児医学・心理学会	300
日本感情心理学会	444	日本人間性心理学会	926
日本基礎心理学会	677	一般社団法人　日本認知・行動療法学会	2349
一般社団法人　日本キャリア・カウンセリング学会	1050	日本認知心理学会	829
日本キャリア教育学会	1110	日本パーソナリティ心理学会	881
日本教育カウンセリング学会	2171	日本バイオフィードバック学会	150
一般社団法人　日本教育心理学会	5313	一般社団法人　日本箱庭療法学会	2051
日本教授学習心理学会	167	一般社団法人　日本発達心理学会	4001
日本グループ・ダイナミックス学会	588	日本犯罪心理学会	1442
日本 K-ABC アセスメント学会	738	日本福祉心理学会	411
一般社団法人　日本健康心理学会	1668	日本ブリーフサイコセラピー学会	756
日本交通心理学会	876	日本マイクロカウンセリング学会	120
日本行動科学学会	147	日本森田療法学会	788
一般社団法人　日本行動分析学会	1013	一般社団法人　日本遊戯療法学会	747
日本コミュニティ心理学会	406	日本リハビリテイション心理学会	1145
日本コラージュ療法学会	176	日本理論心理学会	80
日本催眠医学心理学会	388	日本臨床心理学会	272
日本質的心理学会	1124	日本臨床動作学会	647
日本自閉症スペクトラム学会	3003	包括システムによる日本ロールシャッハ学会	592

※順序は法人名称の有無にかかわらず，団体名称の五十音順である。

日本心理学諸学会連合ウェブサイト（https://jupa.jp/）より作成

問と比較しても後発の学問と言わざるを得ず，したがって，心理学の学問としての歴史は短い。このことを端的に表したのが，先のエビングハウスの言葉である。

もちろん現代から遡って数えれば，現代心理学が誕生してからすでに約150年の年月が経過しており，心理学も徐々に若い学問とは言いづらくなっている。しかしそれでもなお，「心」への関心と学問としての自立の間にある，この大きな時間的ギャップは，心理学の特徴をよく表すものと言えるだろう。すなわち「心」は，いつの時代の人間にとっても大きな関心事だったが，それを誰もが納得するような手法によって，研究できるようになるまでには，多くの困難があったということである(実際のところ，この困難は，まだ完全に解決したとは言えない)。このことから，現代の心理学を特徴づけるのは，第一に「心」への関心，第二に「心」をどのように研究するかという研究アプローチにあると考えられる。

(3) 心理学の面白さと難しさ

一時のブームは去ったものの，いまもなお，大学で学ぶ学問として，心理学は安定した人気を誇っている。高校までの授業科目の中で，心理学という学問に触れる機会はごくわずかであるにもかかわらず，多くの人が心理学を学びたいと思うのはなぜだろうか。

もちろん，心理学を学ぼうと思ったきっかけは人によって異なるだろう。しかし心理学を学ぼうとする人には，共通して，「心」への強い関心がある。古代ギリシアの哲学者たちと同じように，現代の私たちも，その多くが「心」について少しでも多くのことを知りたがっているのである。実際，心は，私たちの日常のあらゆる場面に関与しており，自分や他人の心について考えさせられる機会は多い。その意味で，心理学は私たちの身近な問題に関わる学問であり，知らないなりにも「とっつきやすい」という印象を受けるのが，心理学が選ばれる理由の１つではないだろうか。

ところが，いざ心理学を学び始めた人たちからよく聞かれるのは，「心理学は面白いけれど難しい」という言葉である。面白いテーマを扱っているけれども，使われている専門用語や理論，研究手法（統計法を含む）が難しくて理解できないと多くの人が口にするのである。専門的知識の修得が困難なのはどの学問でも同じはずだが，心理学でとりわけそのような印象が持たれるのは，テーマの身近さ，親しみやすさとの間にギャップを感じるからだろう。「心理学は，簡単なことがらを，わざと難しく言い換えているにすぎない」ということばもよく聞かれる。専門用語など使わずとも，説明できるのではないかといった疑念も抱かれやすい。しかし日常会話で使われる言葉は，さまざまな文脈で使われるだけに曖昧かつ多義的で，学術研究には向いていない。専門用語は，同じテーマに取り組む研究者たちが，互いに意味を取り違えることなく知識を共有するには必要なものであり，学問としての心理学を学ぼうとすれば，専門用語の修得から免れることはできない[1)]。一方で，心理学の専門用語の中には，言葉としては日常語と同じだけれども，その意味が異なるものもある。第４章に登場した「学習」という用語は，その典型である。厄介ではあるが，このように誤解の恐れがある専門用語には，詳しい説明が加えられることが一般的なので，よく注意をして学習してほしい。

さて，先ほど挙げた「心理学は，簡単なことがらを，わざと難しく言い換えているにすぎない」という言葉には，すでに誰もが知っている常識的なことがらを，心理学は，さも大発見であるかのように説明してい

1）　専門用語の中には，英語などの外国語を日本語に訳出する過程で不自然な日本語になったものもあり，それが難解さに拍車をかけている。また，訳語が統一されていないものもある。これらの問題点は，心理学の研究者も認めるところである。

る，という皮肉が込められているようである。確かに，心理学で説明される事象には，誰もが経験的に知っているものが数多く含まれる。例えば，第11章で紹介した「社会的手抜き」が集団作業の中で生じることは，「わざわざ説明されなくても，以前から知っていた」と感じる人も多いだろう。しかし暗黙のうちに知っていたとしても，名付けられ，心理学的な現象として説明されるまでは，特に意識したことはなかったのではないだろうか。経験的な知識は，記述され，意識化されたときに初めて活用できる。つまり，心理学の知識として提供されたときに初めて，集団で作業をする際に「社会的手抜き」が起こらないようにと，注意を払うことができるようになるのである。

加えてさらに重要なのは，心理学の中で説明される事象は，科学的な検証を経て得られたものだということである。私たちが経験的に知っていることには，正しいことも多いけれども，間違っていることも数多くある。しかし間違った知識だとしても，人間にはさまざまな認知バイアス（認知の歪み）があるため，普段の生活の中で，それが間違っているということに気づくのは容易ではない。例えば人間には確証バイアスがあり，既有の知識や信念が正しいことが確証される情報には注意が向きやすいが，知識を覆すような情報には目が行かなかったり，過小評価をしたりする。また私たちは，物理的にも心理的にも自分の視点や立場からしか世界を認識できていない（自己中心性バイアス）。にもかかわらず，自分が認識している世界こそが客観的で正しい世界だと信じるために（ナイーブ・リアリズム），認識の相違をめぐって，トラブルが生じることもある。また人間には，いったん，あることが起こり，その結末を知ってしまうと，そのことが起きる以前から，結末は予測できたと考える後知恵バイアスがある。そのため，実際には知らなかったことや，事前には予測できなかったことまで，「知っていた」とか，「そうなることはわかっていた」と考えがちである。このように，私たちの認知には歪みがあるため，たとえ馴染みがあることがらでも，それを日々の生活の中で検証することは難しいのである[2)]。

現代心理学は，実証性を旗印に今日まで発展してきた。つまり，心という抽象的で，つかみどころがないものを研究対象にするからこそ，誰もが納得するような科学的手法で，その検証を試みることに精力を傾けてきたのである。第2章で紹介された「心理学研究法」や，第14章で紹介された「心理統計学」は，初学者が「心理学は難しい」と感じる元凶だが，研究手法が体系化し，確立してきたからこそ，心理学は現在のように発展してきたといえる。事実，第1章で紹介された心理学の歴史は，別の見方をすれば，方法論の歴史ととらえることができるし（第2章も参照），第3章から第13章までに紹介された心理学の各分野の研究知見は，それぞれの分野で研究手法が模索された末に得られた成果である。

科学的な手法は，ときに，人間の心について驚くべき事実を明らかにする。例えば第11章で紹介した「権威への服従」実験は，ごくふつうの人々が，権威者による命令のもとでは，罪のない他者に無慈悲ともいえるほどの攻撃を加える可能性を示した。こうした常識を覆す心理学の知見には，多くの人が関心を示す。しかし科学的な検証を経た知見という意味で言えば，当たり前にしか見えない「社会的手抜き」も同じであり，心理学の知見として両者に優劣はない。

このように，「心」へのアプローチの仕方が，現代の心理学の大きな特徴であり，心理学を学ぶことは，すなわち「心」についての研究手法を学ぶことだと言い換えることもできる。身近なことがら，馴染み深い現象を，身近でない方法や馴染みの薄い考え方を使って探求する心理学は確かに難しいかもしれない。しかし難しさの本質を理解し，身につければ，心理学はもっと面白く，魅力的な学問に見えてくるはずである。

2）　認知バイアスは，ここで紹介したもの以外にもさまざまなものがある。詳しくは，筆者らが運営している「錯思コレクション」というウェブサイトを参照されたい。

2. どのように学ぶのか

それではここからは，心理学の魅力に気づき，心理学をもっと学んでいきたいという人たちに，どのように学びを進めていけばいいか，指針を示していこう。

(1) 故きを温ねて新しきを知る

どのような学問にも通じることだが，専門的知識は，その分野の先人たちの努力の結晶である。本書で解説したのは，心理学についての概論的な知識であり，紙幅の都合上，紹介する内容は必要最小限に絞られている。心理学は若い学問ではあるとはいえ，現在までに蓄積されてきた知識を網羅的に紹介しようとすれば，膨大な量になる。そのため，結果的に“古典”と位置づけられる研究を中心に紹介することになる。本書で紹介されている研究や知見は，今後，心理学の学びを進めていく中で基盤になるものである。先人たちの功績に敬意を払いつつ，しっかりと身につけてほしい。

しかし，心理学の世界も日進月歩である。本書で概説した知識を身につけるだけでは，心理学を十分に知ったことにはならない。本書の知識を拠り所にして，是非，新しい研究にも興味を示してほしい。それには，各章の章末にある参考文献リストが役立つだろう。

また“古典”を学ぶ際も，批判的（クリティカル）な姿勢で臨むことが重要である。近年，心理学は「再現性の危機」に揺れている。著名な研究の中に結果が再現できないものがあるという指摘が相次いだためである。本書で紹介した研究の中にも，今後，結果が覆るものがあるかもしれない。本に書かれている知識だからと，ただ鵜呑みにするのではなく，自ら考えて学ぶ姿勢を持ってほしい。

(2) 幅広く学ぶ

心理学を学び進めるうえで，もう１つ心に留めてほしいのは，幅広く学ぶということである。本書で紹介してきたように，心理学は多様な分野からなり，こうした多様性も心理学の魅力の１つである。したがって，少なくとも最初のうちは，特定の分野に偏ることなく，幅広く心理学の知識を身につけてほしい。

心理学は，しばしば基礎心理学と応用心理学の２つに大きく分けられる。本書で紹介した分野でいえば，知覚心理学，学習心理学，生理心理学，比較心理学，発達心理学，パーソナリティ心理学，社会心理学は基礎心理学として，教育心理学，臨床心理学，産業・組織心理学は応用心理学として扱われることが多い。基礎心理学とは，人間の行動や，その背後にある心のしくみや働きを解明することに焦点がある心理学であり，応用心理学は，心理学の知見を問題解決に活用する。心理学を学び始める人の中には，「困っている人を助けたい」，「人間関係を改善したい」など，具体的な問題を抱えている人も多く，そのような人は，すぐにでも解決法を教えてくれそうな応用心理学に興味が向かいがちである。しかし心理学の実践には，基礎心理学が提供するような科学的知見が不可欠である。これは，2017年に創設された国家資格「公認心理師」の学部カリキュラム（表15－2）を見ても明らかであり，将来，実践家として，臨床の現場で活躍しようとする人も，心理学の知識を幅広く学ぶことが求められている。

応用心理学に基礎心理学の知識が必要であるのと同じように，基礎心理学にも応用心理学の視点は不可欠である（第12章参照）。純粋に人間の心のしくみや働きに興味を持っている人も，応用心理学を学ぶことで，心をより広い視野からとらえることができるだろう。また，そもそも基礎心理学と応用心理学の境界は曖昧である。基礎心理学として扱われる

表15－2　公認心理師となるために大学において修めるべき科目

1　公認心理師の職責	14　心理的アセスメント
2　心理学概論	15　心理学的支援法
3　臨床心理学概論	16　健康・医療心理学
4　心理学研究法	17　福祉心理学
5　心理学統計法	18　教育・学校心理学
6　心理学実験	19　司法・犯罪心理学
7　知覚・認知心理学	20　産業・組織心理学
8　学習・言語心理学	21　人体の構造と機能及び疾病
9　感情・人格心理学	22　精神疾患とその治療
10　神経・生理心理学	23　関係行政論
11　社会・集団・家族心理学	24　心理演習
12　発達心理学	25　心理実習（80時間以上）
13　障害者（児）心理学	

分野にも応用的な側面はあるし，応用心理学と呼ばれるものにも基礎的な側面はあり，上記の分類は相対的なものにすぎないと理解してほしい。結局のところ，「心」という難解な対象を理解するうえで，手持ちの札は多ければ多いほどよい。さまざまな分野の心理学を学ぶことで思いがけない発見があるし，まったく関係がないと思った分野の知識が，思わぬ方向で役立つこともある。選り好みをせず，さまざまな心理学の分野に触れ，その中から自分が求めているものを探りあててほしい。また既述のように，研究法や統計法は心理学のあらゆる分野の基盤である。「心」に関心がある人全てに身につけてほしい。

（3）大学図書館・インターネットを利用する

本書を手にしている人の多くは大学生だろう。大学生には，学生としてのさまざまな特権があるが，中でも最も大きなものの1つに，大学図書館を利用できることがある。ここで言う大学図書館の利用は，敷地内にある図書館に出向いて，本を借りることだけを指しているのではない。大学図書館は，図書の貸し出し以外にも，多くのサービスを提供しており，それらを利用することで効率よく，また質の高い学習や研究を進めることができる。例えば，相互利用サービスを使えば，他大学にしか所蔵されていない図書を借り出したり，文献の複写を入手したりすることができる。したがって，大学生は事実上，国内にある全ての大学の図書館の文献を学習や研究の資料として参照することができるのである。また，自費で購入することが難しい新聞や論文のデータベースを利用することができるのも大きな魅力である。最近は，このようなサービスのほとんどをオンラインの手続きで利用できるため，自宅にいながらにして，必要な図書や論文を調べ，取り寄せることができる。

インターネット上の情報は玉石混交のため，学習や研究に利用するのには注意が必要だが，最近では Google Scholar のように学術用途に特化したサービスもあり，使いようによっては有用である。ちなみに，Google Scholar のトップページには，「巨人の肩の上に立つ」ということばが書かれている。これは，先人たちによる知識の蓄積があることで，私たちはその先の世界を見渡せることを表現したことばで，本節の最初に示した温故知新の精神に通じるものがある。

ただし，データベースやインターネットの検索で得られるのは，キーワード等の入力によってヒットした知識のみである。そのため，自分が知りたいことがらが，どのような専門用語や理論で説明されているかがわからないうちは，効率的な検索をすることが難しい。また，検索を繰り返して知識を深めると，周辺領域の研究を含めた全体を俯瞰することができず，視野が狭くなりがちである。そのため，ときには大学図書館や近隣の大型書店に直接に出向き，日がな一日そこで過ごすのもお薦めである。心理学の書棚を見て書籍のタイトルをただ見るだけでも，発見があるかもしれない。

（4）謙虚な気持ちを持つ

最後に，心理学は謙虚な気持ちで学んでいこう。心理学を学び，人間や心についての知識が深まると，それに伴い，知らず知らずのうちに目線が高くなっていく。自分も同じ人間の一人だという，ごく当たり前のことを忘れ，覚えたばかりの知識を使って他人のことを語りたくなる。しかし知識をあてはめるだけでは，他人の心を理解したことにはならない。

また心理学の知識の多くは，人間の心についての一般原理である。平均的にはこのような傾向が見られるというものであって，目の前の人物に適用できることを保証するものではない。したがって，身近な人など特定の個人に心理学の知識をあてはめることには慎重になるべきである。心理学を利用して心を理解したいのなら，まずは自己理解に努めよう。

3. 心理学のこれから

本章のはじめのほうで，心理学を特徴づけるのは，第一に「心」への関心，第二に「心」をどのように研究するかという研究アプローチだと述べた。これからの心理学を占うとき，おそらく「心」への関心は今後も変わりなく続くことだろう。また「心」を科学的，実証的な方法で解明しようという研究アプローチや研究姿勢も変わることはないだろう。ただ，それを実現するための具体的な方法論は，いまのものが完全というわけではない。現代の心理学が「再現性の危機」に瀕しているのも，その表れの１つである。しかし危機は好機でもあり，オープン・サイエンスや，大規模なプロジェクト研究など，この危機を契機とした新たな取り組みも始まっている。「心」をめぐる方法論の模索には終わりがなく，今後も続くことだろう。

今回，本書を通じて，心理学に初めて触れた人の中には，ダーウィン，パブロフ，ローレンツなど，思いがけない名前の登場に驚いた人もいるだろう。また，心理学の概論書でありながら，物理学や生物学，統計学などの話が出てきたことを不思議に感じた人もいるかもしれない。学問としての歴史が浅い心理学は，他の学問の知恵を借りながら，「心」という難題に取り組む道を模索してきた。そのため心理学には，学問の垣根を超えて良いものは何でも取り入れようという貪欲ともいえる文化が根づいている。社会が目まぐるしく変わる中，学際的な研究の必要性が叫ばれるようになって久しいが，「心」をキーワードにどのような学問とも結びつきうる心理学は，今後，さまざま学問のハブ（結節点）として，有機的な役割を果たすことだろう。これまで，心理学とは無縁の世界にいた人も，ぜひご自身の経験や専門性と心理学を結びつけて，学びを進めていってほしい。

参考文献

コーエン，D. 子安増生・三宅真季子（訳）(2008). 心理学者，心理学を語る —時代を築いた13人の偉才との対話 新曜社

中西大輔・今田純雄（編）(2015). あなたの知らない心理学 —大学で学ぶ心理学入門 ナカニシヤ出版

スタノヴィッチ，K. E. 金坂弥起（訳）(2016). 心理学をまじめに考える方法 —真実を見抜く批判的思考 誠信書房

（第３章学習課題３の答え）
犬（ダルメシアン）が地面のにおいを嗅いでいる様子

学習課題

1．日本心理学会が発刊している「心理学ワールド」には，一般向けに心理学のさまざまな分野の研究が紹介されている。日本心理学会のウェブサイトで公開されているので，これを見て，心理学がどのようなテーマの研究を行い，またどのようなところで心理学が活かされているのかを調べてみよう。
2．大学図書館のサービスにはどのようなものがあるかを調べてみよう。また，相互利用サービスを使って図書や論文を取り寄せたり，データベースを利用したりしてみよう。
3．心理学の知識や考え方を生かすことができそうな学問，あるいは，心理学と親和性が高いと思われる学問には，どのようなものがあるだろうか。心理学とその学問が結びつくことでどのような研究が可能になるかを考えてみよう。

索引

●配列は五十音順，＊は人名を示す。

■英文索引

■和文索引

●あ　行

●か　行

●さ 行

●た　行

●な　行

●は　行

分担執筆者紹介

高橋　秀明（たかはし・ひであき）

・執筆章→２，14

1960年　山形県に生まれる
1990年　筑波大学大学院博士課程心理学研究科　単位取得退学
現在　放送大学教授
専門　認知心理学，情報生態学
主な著書　『メディア心理学入門』（共編著，学文社　2002年）
『記憶の心理学と現代社会』（分担執筆，有斐閣　2006年）
『説明の心理学：説明社会への理論・実践的アプローチ』（分担執筆，ナカニシヤ出版　2007年）
『ライブラリスタンダード心理学　第５巻　スタンダード認知心理学』（分担執筆，サイエンス社　2015年）
『ユーザ調査法』（単著，放送大学教育振興会　2020年）
『学習・言語心理学』（単著，放送大学教育振興会　2021年）
『日常生活のデジタルメディア』（共著，放送大学教育振興会　2022年）

進藤　聡彦（しんどう・としひこ）

・執筆章→4，7

1957年　山梨県に生まれる
1987年　東北大学大学院教育学研究科博士課程後期単位取得満期退学
現在　山梨大学名誉教授，放送大学教授，博士（教育学）
専攻　教育心理学，認知心理学
主な著書・訳書
『思考力を育む知識操作の心理学』（共著，新曜社）
『社会科領域における学習者の不十分な認識とその修正』（共著，東北大学出版会）
『私たちを知る心理学の視点』（共編著，勁草書房）
『一枚ポートフォリオ評価中学校編』（共編著，日本標準）
『自己調整学習ハンドブック』（共訳，北大路書房）
『素朴理論の修正ストラテジー』（単著，風間書房）

編著者紹介

向田　久美子（むかいだ・くみこ）
・執筆章→1，8，9，10，13

1969年　三重県に生まれる
2003年　お茶の水女子大学大学院人間文化研究科博士課程単位取得退学
現在　放送大学准教授，博士（心理学）
専攻　発達心理学，文化心理学
主な著書　『メディアと人間の発達』（共著　学文社）
『新・乳幼児発達心理学』（共編著　福村出版）
『心理学から見る日常生活』（共著　八千代出版）
『新訂　発達心理学』（共編著　放送大学教育振興会）

森　津太子（もり・つたこ）・執筆章→3，5，6，11，12，15

1970年　岐阜県に生まれる
1998年　お茶の水女子大学大学院博士課程単位取得退学
現在　放送大学教養学部心理と教育コース教授，博士（人文科学）
専攻　社会心理学，社会的認知
主な著書　『社会・集団・家族心理学』（単著，放送大学教育振興会 2020年）
『現代社会心理学特論』（単著，放送大学教育振興会　2015年）
『現代の認知心理学　―社会と感情―』（分担執筆，北大路書房　2010年）
『社会心理学　―社会で生きる人のいとなみを探る―』（分担執筆，ミネルヴァ書房　2009年）
『公認心理師　国家試験対策全科』（分担執筆，金芳堂 2022年）

図表　クレジット一覧

＊海外許諾分のみ掲載

(p. 61)　図3－5：Copyright c 1923 by Max Wertheimer, Untersuchungen zur Lehre von der Gestalt. II, Psychol. Forsch. 4, 301?350 (1923), reproduced with permission of Springer Nature through Japan UNI Agency., Inc. Tokyo

(p. 106)　図6－1：Reproduced with permission from American Psychological Association. No further reproduction or distribution is permitted. Copyright © Thorndike, E. L. (1898). Animal intelligence: An experimental study of the associative processes in animals. The Psychological Review: Monograph Supplements, 2 (4), i-109. Arranged through Japan UNI Agency., Inc. Tokyo

(p. 136)　図8－2：Used with permission of John Wiley & Sons - Books, from Monographs of the Society for Research in Child Development, Article Title Trajectories of physical aggression from toddlerhood to middle childhood: predictors, correlates, and outcomes, SOCIETY FOR RESEARCH IN CHILD DEVELOPMENT, volume 69, edition number 4, 1935; permission conveyed through Copyright Clearance Center, Inc through Japan UNI Agency., Inc. Tokyo

(p. 180)　図11－2：Reproduced with permission. Copyright c 1955, Scientific American, Inc. All rights reserved. Arranged through Japan UNI Agency., Inc. Tokyo

(p. 215)　図13－5：Hazel Rose Markus, Yukiko Uchida, Heather Omoregie, Sarah S.M. Townsend, et al., Psychological Science (Vol.17, Issue 2) pp.10, copyright c 2006 by SAGE Publications. Reprinted by Permission of SAGE Publications through Japan UNI Agency., Inc. Tokyo

放送大学教材　1720104-1-2411（テレビ）

改訂版　心理学概論

発　行　　2024年３月20日　第１刷
編著者　　森　津太子・向田久美子
発行所　　一般財団法人　放送大学教育振興会
〒105-0001　東京都港区虎ノ門1-14-1　郵政福祉琴平ビル
電話　03（3502）2750

市販用は放送大学教材と同じ内容です。定価はカバーに表示してあります。
落丁本・乱丁本はお取り替えいたします。

Printed in Japan　ISBN978-4-595-32447-5　C1311